アトム通貨で描くコミュニティ・デザイン

人とまちが紡ぐ未来

アトム通貨実行委員会 編

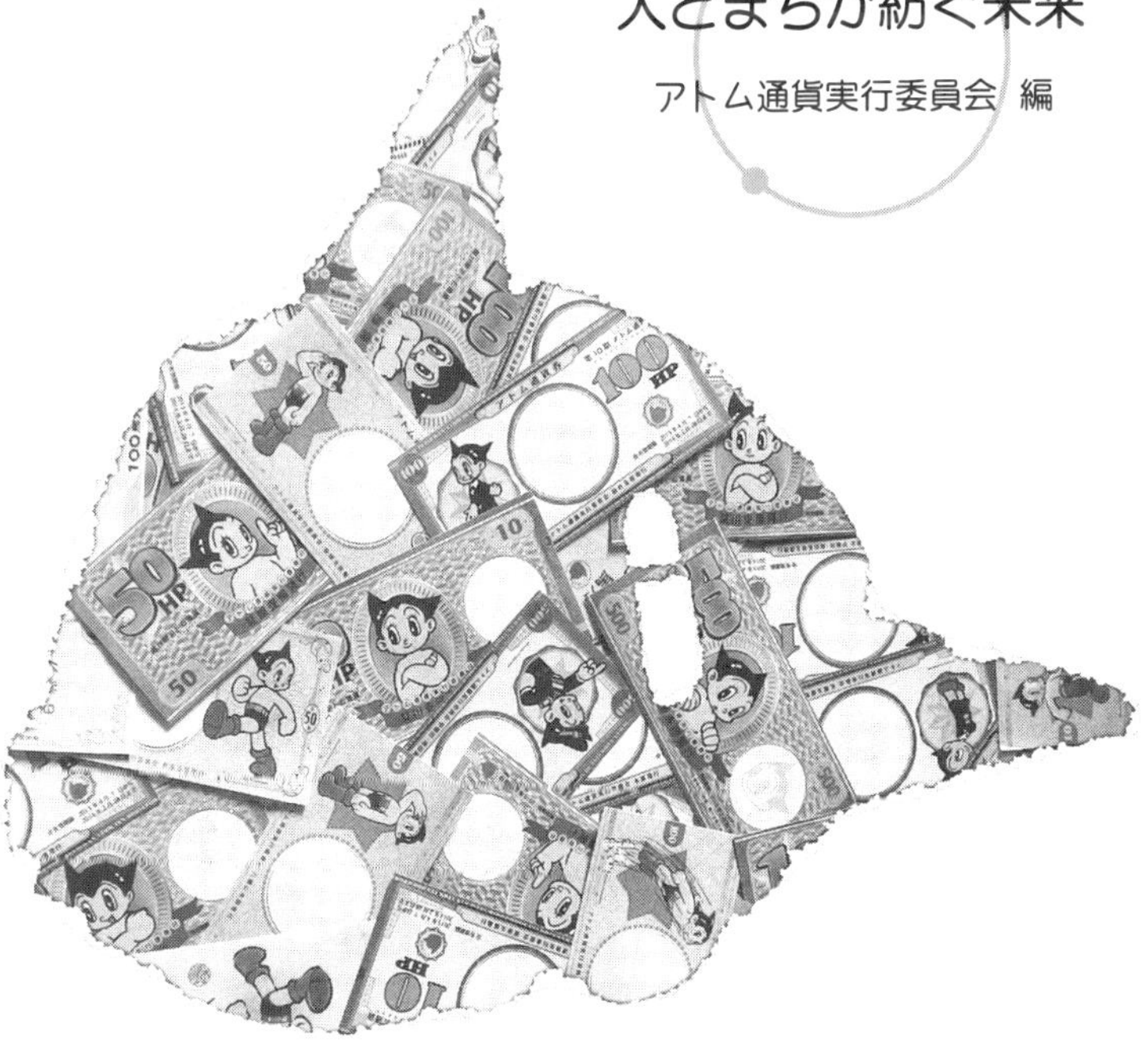

新評論

まえがき

『鉄腕アトム』は、科学の進歩による輝かしい未来を描いた作品だと思われがちですが、実は人間の欲望や科学文明の暴走、人種間をはじめとしたさまざまな対立など、現代社会におけるあらゆる問題点への示唆に富んだ作品です。代表エピソードである「地上最大のロボットの巻」には、ロボットの帝王を目指し戦うためだけに造られたプルートウが、自然災害からまちを救うために敵対していたアトムに手を貸すシーンが描かれています。プルートウに向かってアトムが言う、「ありがとう」の一言が印象的です。

自分の気持ちに正直なアトムは、ほかのエピソードでも、時にははにかみながら、時に力強く、時に満面の笑みを浮かべて、相手の好意に「ありがとう」という言葉で応えます。「地上最大のロボットの巻」は切ない結末でしたが、アトムの「今にきっと、ロボット同士なかよくケンカしない時代がくると思います」という言葉で、未来に希望を託し幕を閉じます。

手塚治虫の講演内容をまとめた『ガラスの地球を救え』（光文社、一九九六年）に、『鉄腕アトム』におけるテーマの一つは、ディスコミュニケーション（相互不理解、対人コミュニケーション不全）である、と書かれています。その観点からすると、相互不理解こそがアトムにとって最大の敵であり、それを解消するためにアトムは戦うのです。そしてこの考えがアトム通貨の根底に流れています。

また、『ガラスの地球を救え』には、地球はすべての生命にとってかけがえのない星であること、生まれ育った宝塚への郷愁や、路地裏の文化について、子どもは、大人からの真剣なメッセージに必ず耳を傾ける感性をもっていること、もし宇宙ステーションで育った子どもがいたら、その子は、国境の認識がないことなど、現代人に贈るたくさんのメッセージが書き綴られています。そのメッセージを、「環境」「地域」「教育」「国際」というテーマに置きかえ、そこからアトム通貨の理念が生まれています。そうした意味からも、この『ガラスの地球を救え』は、「ありがとうのカタチをつたえる THANKS MONEY アトム通貨」にとってのバイブルなのです。

日本のマンガ・アニメの先駆者である手塚治虫は、偉大なる思想家でもあります。日本の文化として輸出されるまでに成長したマンガとアニメは、今や世界に羽ばたき、その先鞭となった手塚作品もいろいろな言語に翻訳されています。併せて手塚治虫の想いやメッセージも、世界中に、そして次の世代へと広く永く伝えていかなければなりません。そうした思いから「アトム」の名前を冠に、「ガラスの地球を救え」を理念にするアトム通貨の本が出版されることは、大変喜ばしいことです。

ぜひ、本書で THANKS MONEY アトム通貨の魅力をご堪能ください。

もくじ

まえがき　i

第1章 人とまちの関係性を築くためのツール
——THANKS MONEYアトム通貨のシステム設計　3

1 アトム通貨の概念と、ほかの地域通貨との違い（概念編）　5
コラム1 御菓子司「青柳」の「くりまんアトム」　13
2 アトム通貨のシステム解説（基本編）　22
3 アトム通貨を導入したことで得られた効果（作用編）　39
4 アトム通貨のブランド価値と地域ブランド創造（応用編）　54

第2章 地域のカラーを活かしたコミュニティ・デザイン
——アトム通貨の全国展開　67

1 早稲田・高田馬場支部　68

2 川口支部 75
3 札幌支部 82
4 新座支部 87
5 和光支部 94
6 八重山支部 101
7 春日井支部 108
8 新宿支部 112
9 女川支部 116
[付録1] アトム通貨とまちづくり 120
コラム2 「中国厨房一番飯店」の「特製上海焼そば」 122

第3章 アトム通貨のブランド・デザイン——本部広報戦略とイベント実施例

123
1 胸を張ってみんなに知ってもらおう——本部広報戦略 124

2 環境は人とまちをつなぐ大事なキーワード――エコ・アクション・ポイントモデル事業 142

3 ラジオと商店街の親和性――チャレンジ25キャンペーン 146

4 立ち上がれ企業市民！――内藤とうがらし再興プロジェクト 153

コラム3 高田馬場駅の発車ベルと壁画 170

第4章 まちが教えてくれたこと――歴代学生事務局長奮闘記とスタッフの思い出 171

1 集まり散じて人は変われど　仰ぐは同じき「理想のまち」 172

2 アトム通貨から受け継いだ想い 178

3 「土地とともに生きる」ために 184

4 学生としてのまちづくり論――かぎられた年月のなかで 190

5 アトム通貨が教えてくれたこと――立場へのこだわりを捨てて見えたもの 196

6 一〇年目のアトム通貨と未熟者たちの成長 202

7 ヒトマチプロジェクトを通して「地域」への関わり方を考え、行動した一年 208

8 私の思い出の店① もちだ酒店 214
9 私の思い出の店② クリーニングショップ郡司 216
10 私の思い出の店③ 茶のつたや 218
11 私の思い出の店④ イル・デ・パン 220
［付録2］ 社会と大学をつなぐ 222

第5章 座談会 アトム通貨秘話——誕生から全国展開 227

あとがき 247
アトム通貨年表 251
執筆者一覧と支部の連絡先 258

アトム通貨で描くコミュニティ・デザイン——人とまちが紡ぐ未来

第1章

人とまちの関係性を築くためのツール
——THANKS MONEY アトム通貨のシステム設計

石渡正人（株式会社手塚プロダクション／
アトム通貨実行委員会本部副会長）

アトム通貨10馬力紙幣

アトム通貨の説明を求められたとき、私たち実行委員会では、「まちと人をつなぐコミュニケーションツールです」と答えます。

アトム通貨は、導入すれば簡単に地域が活性化される魔法の薬ではありません。決して地域コミュニティを再構築するための主役でもありません。アトム通貨を導入する側が、まちをどうしたいかによって活かされる、あくまでもツールにすぎません。ただ、このツールは大変使い勝手がよくできています。

一一期目にあたる二〇一四年一二月現在、国内九か所の地域に導入されており、加盟店は一〇〇〇店以上。毎年変更される通貨券のデザインが人気で、地域商品券型ではなく、非売型にもかかわらず年間発行額は二〇〇〇万馬力（円）、配布機会は一〇〇万回近くにのぼります。これは地域通貨としてはほかに例を見ないケースです。何より年間配布機会の一〇〇万回は、一年の間で一〇〇万人がアトム通貨を通じて地域貢献活動に参加していることになるのです。

アトム通貨を導入した地域では、アトム通貨をツールに商店街の活性化、地域コミュニティの再構築、ボランティアの推進、観光振興、ふれあい支えあい運動、新しいイベントの創造、地域ブランドの開発、ほかの地域との連携などさまざまな展開に活用しています。

この章では、アトム通貨のシステムの詳細を、以下のような流れで紹介していきます。

1　アトム通貨の概念と、ほかの地域通貨との違い（概念編）

2　アトム通貨のシステム解説（基本編）
3　アトム通貨を導入したことで得られた効果（作用編）
4　アトム通貨のブランド価値と地域ブランド創造（応用編）

本文中、まちづくりに欠かせないキーワードや、まちの活性化への重要点が多数登場します。地域通貨の解説書に留まらず、まちづくりの参考書として、たとえばアトム通貨を自分たちのまちで利用しているツールに置き換えてお読みください。きっと違った側面が見えてくることと思います。

1　アトム通貨の概念と、ほかの地域通貨との違い（概念編）

数多くある地域通貨のなかで、アトム通貨が成功事例とされる理由はどこにあるのでしょうか。ここではアトム通貨発足時を振り返り、試行錯誤しながら組み立てた概念を、当時の出来事と併せて紹介します。

（1）予備知識としての地域通貨

まず一般的に地域通貨とはどういったものなのでしょうか？　Wikipediaから引用すると、「地域通貨は、法定通貨ではないが、ある目的や地域のコミュニティ内などで、法定貨幣と同等の価値あるいは全く異なる価値があるものとして発行され使用される貨幣である」となっておりますし、コトバンクでは、次のように説明されています。

「限られた特定の地域内やメンバー間だけで利用できる通貨。エコマネーとも言う。一般の通貨（円やドルなど）とは異なり、資産価値は持たない。例えば、ボランティア活動に対する報酬として、地元商店街のみで商品やサービスを購入できる地域通貨を発行するといった具合に、コミュニティの活性化などを目的に導入されるケースが多い。一九八〇年代初頭にカナダで始まったとされ、日本でも約三〇〇もの地域通貨が報告されている」

俗にいうボランティアマネー、エコマネーを指して地域通貨と称されていますが、広義では地域商品券タイプも地域通貨に含まれます。つまり地域経済の活性化を目的に市民の消費意欲を刺激し、来街を促すプレミアム商品券のことです。

日本国内の地域通貨を紹介するサイトでは、二〇一〇年のデータとして六六一件の地域通貨が紹介されていますが、そのほとんどがボランティアマネータイプの地域通貨です。

（2）アトム通貨の概要

アトム通貨は、地域コミュニティを育み、まちの活性化を目的に、二〇〇四年四月七日に早稲田・高田馬場で生まれた地域通貨です。作品『鉄腕アトム』には、人と人とのつながりの大切さや、子どもたちや地球の未来を危惧したメッセージなど、作者手塚治虫の願いがたくさん込められており、この願いが私たちの行動理念になっています。

そして、アトム通貨を運営する母体は実行委員会です。これは全国どの支部でも共通で、地元の商店街や自治体、NPO、学校、企業などが参加して実行委員会を組成し、通貨を発行します。通貨は紙幣タイプで単位は馬力。現在は10馬力、50馬力、100馬力、500馬力の四種類が発行され、1馬力＝一円換算で、加盟店で使用することができます。

通貨流通の基本システムは、

①通貨の配布を希望する地元商店や自治体、NPOなどの主催するプロジェクトが、アトム通貨の理念である「地域」「環境」「国際」「教育」（二〇一〇年第七期に追加）に沿っていると判断したときに、実行委員会から主催者に通貨が発行されます。

②主催者からそのプロジェクトの参加者に通貨が配布されます。この際、配布通貨の費用は主催者が負担します。

③参加者が受け取った通貨はアトム通貨加盟店で使用されます。

図１－１　循環図

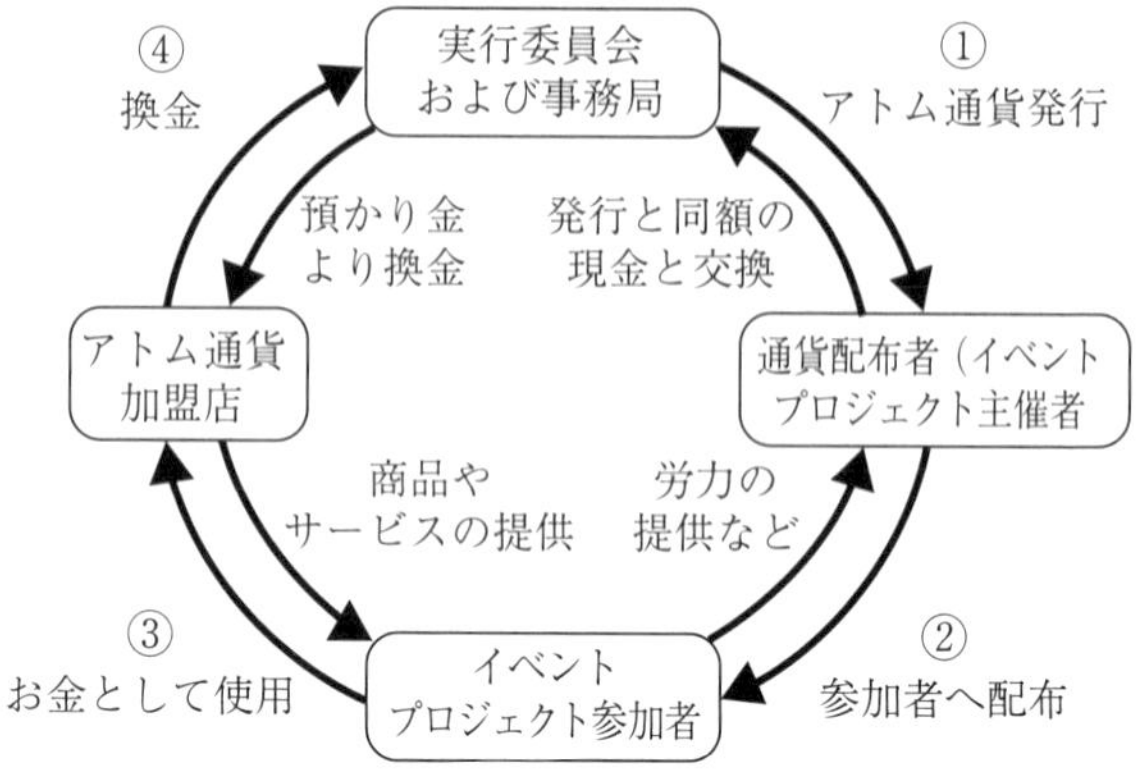

④通貨を受け取った加盟店は発行事務局に持っていくと現金に換金されます。

といった流れで、分かりやすく表わすと、**図１－１**の循環図になります。

ここまでの説明では、ほかのボランティアマネーと一見変わりないように思えますが、アトム通貨のポイントの一つは、「商店街の積極的な参加」にあります。

（3）ボランティアマネー、地域商品券の限界

前述したように日本で取り組まれている地域通貨の多くはボランティアマネータイプで、その基本は互酬性にあります。互酬性とは、他人を助ければ、相手も必ず応えてくれるという期待によって成立する相互作用です。互酬関係が衰え、孤立した現代においては、コミュニティを再構築するという視点からボランティ

アマネーに期待が集まりました。しかし、参加メンバーが限定されるなど広がり面での欠点が露呈し、継続されることなく頓挫するケースが多いようです。

もう一つの地域通貨は、地域商品券タイプです。現代における市場交換と同様に貨幣を媒介とする交換で、需要と供給の間を地域商品券が取りもちます。しかし、国家貨幣に勝る点はありません。対抗措置として、一万円で一万一〇〇〇円分の地域商品券が購入できるなどプレミアム的価値を付加していますが、経済的負担の大きさから、国をはじめとする行政の助成金を受けるなどの補助を受けないと成り立たたず、また、使用先が大型量販店に集中することも問題視されています。

アトム通貨をスタートさせた二〇〇四年を振り返ると、ボランティアマネーに対する期待が多大だったためか、地域コミュニティの救世主として扱われ、現在聞き及ぶような問題は露呈していませんでした。

そうしたなか、アトム通貨発起人のメンバーである、早稲田大学平山郁夫記念ボランティアセンター（以下WAVOC）、手塚プロダクション、早稲田大学周辺商店会連合会、高田馬場西商店街振興組合で、アトム通貨流通前の実行委員会が設立されました（設立の経緯については、第5章をご覧ください）。その会でWAVOCから提示されたプランは、ボランティアマネーをベースにしたもので、学生や住民などのボランティア活動を活発化させるために地域通貨を発行し、商店街でその通貨を使用できるようにする内容でした。商店が通貨利用者に割引などの特典を与え、顧客獲得につなげるのです。

当時は、ボランティア活動活性化のために通貨を配布することをピッチャープロジェクト、商店が通貨獲得のために特典を設けることをキャッチャープロジェクトと名付けていました（二〇〇九年度第六期にこの呼び方は廃止）。しかしアトム通貨発足の趣旨の一つに、商店街を中心にする地域コミュニティの活性化が掲げられており、提示されたボランティアマネーをベースにしたシステムでは商店は受け手にしかすぎず、そのままでは問題解決につながるとは感じられませんでした。商店が通貨利用者を顧客として獲得することはよいことですが、受け手に甘んじていたままでは、商店街が地域コミュニティの中心を担うことはできません。そこで、ボランティアマネーの互酬性を活かしながら商店自らが通貨を配布し、商店街から広がる地域コミュニティの方法論を模索したのです。

（4）商店街を中心とする地域コミュニティ

地域コミュニティの担い手として、商店街への期待は一九九〇年代からありました。生活圏の拡大や生活様式および生活意識の変化から地域コミュニティが衰退し、それを復活させる策として、多くの地域住民が利用する地元商店街の頑張りに期待が寄せられたのです。

そして、中小企業庁の指導では、商店街を活性化させるには商店街自身による地域コミュニティへの参画が必須で、地域におけるさまざまな団体などとの連携も欠かせないことが多数のレポートに書かれています。

実行委員会に参加している早稲田商店会会長の安井潤一郎さん（現アトム通貨実行委員会会長）は、商店街が地域コミュニティの中心になるべきことを熟知していました。それまでにも早稲田大学のキャンパスを解放して、地域の人たちによるまちの文化祭的な大イベントである「地球感謝祭」を実施したり、商店街に不用品を回収するエコステーションを設置する事業の全国展開など、精力的に活動していたのです。

その実績と行動力、人望に大いに期待して、今までの地域通貨では受け手であった商店街を送り手の中心にし、地域通貨のもつ互酬性を応用することで、商店街を中心にした地域コミュニティの構築を考えたのです。

話は戻りますが、提示されたＷＡＶＯＣ案にはボランティア活動を活発化させることを目的に、「地域」「環境」「国際」という三つのテーマに貢献するプロジェクトを実施し、その参加者に通貨を配布するとした内容が盛り込まれていました。こうしたテーマ設定は商店に、「地域貢献のために何かをはじめてくださいと」漠然と投げかけるより断然分かりやすく、参加を促せるキーワードになります。

それだけでなく、学生やＮＰＯ、自治会などのボランティア活動を同時に推進することで商店側が触発され、そこへ参加することでさまざまな団体などと連携がはかれるようになります。そこで学生、ＮＰＯ、自治会、商店街に関係なく、「地域」「環境」「国際」に貢献するプロジェクトの主催者が、その参加者に通貨を配布することを希望した場合、実行委員会から通貨を発行するという骨組が決まりました。

また、配布した通貨の利用先が商店になることから、市場交換に適した紙幣タイプを選択しました。商店を介した市場交換による開かれたコミュニティの構築を目指したのです。それには参加メンバーが固定されることなく、誰もがいつでも参加できることが大事だと考え、参加者に面倒な手続きをさせないこと、受け入れる店舗側にも機器など設備投資の負担がかからないことを前提にしました。その結果、紙幣、硬貨、通帳、スタンプ帳、カード、電子マネーの候補のなかからコスト面も含めて紙幣を選択しました。

（５）キャラクター力による地域活性化

実は、紙幣タイプを選択すれば、この地域通貨を話題性や人気面といった点で成功させるだけの自信はありました。二〇〇三年からアニメ「ＡＳＴＲＯ ＢＯＹ 鉄腕アトム」のＴＶ放送がはじまっていたこともありますが、そもそもアトムは一九五二年に誕生したキャラクターです。五

コラム①

御菓子司「青柳」の「くりまんアトム」

大正14年創業の御菓子司「青柳」。手塚プロダクションの事務所が向かい側（現在は移転）にあったことから、手塚治虫が原稿執筆の合間によく訪れていたそうです。

2003年4月7日のアトム生誕に合わせて、店主でありアトム通貨立ち上げにも関わった飯田氏の、なにか名物をつくりたいという熱い思いで誕生したのが「くりまんアトム」です。国産白手亡《しろてぼう》豆《まめ》の白あんに、粗く刻んだ栗あんが入った、上品な甘さのお菓子です。現在では、こしあんの「ウランまんじゅう」も販売されています。顔付けが手作業のため、それぞれ違う表情なのがなんとも愛らしいおまんじゅうです。

住所：東京都新宿区高田馬場4-13-12　電話：03-3371-8951

○年の長きにわたり日本国民から愛され続けていることに加え、作品自体のもつメッセージも大きな強みになります。

そして何より高田馬場との強い関係性です。高田馬場西商店街に設置された手塚キャラクターフラッグ、高田馬場駅高架下の手塚キャラクター壁画、JR高田馬場駅の鉄腕アトムの発車メロディー。このように数年前から続いている手塚キャラクターと高田馬場の親密な関係から話題性は絶大です。

その宣伝効果を考えると、通貨は多くの人の手にわたることが望ましく、商店が配布することも考慮すると単価は低いほうがよいわけです。アトム通貨の最少単価は10馬力（一〇円）札ですが、これは紙幣だから可能な単価設定です。ほかにも紙幣にはデザイン面で趣向を凝らせるという大きなメリットもあります。当初は、「一〇円もらって喜ぶのかい?」という疑問の声も聞かれましたが、一〇年経った現在も、全国どの支部でも10馬力の発行枚数が群を抜いて多いのです。要は10馬力に一〇円以上の価値を与えるのです。このことは後述します。

さて、一番のポイントは商店です。アトム通貨に商店が加盟し、自らが通貨配布プロジェクトに参加するにはどうすればよいのか……。

ここでクリアすべき課題は、原資を負担して通貨を配布することに意味が見いだせるかです。実行委員による検討の場では、学生などのボランティアが配布する通貨は実行委員会で負担するが、商店が配布する場合は自己負担と決まりました。そもそも商店自体に経済的余裕があるわけではありません。原資を負担するには地域コミュニティといった大儀だけでなく、自店へのリターンが必要とされます。

理想としては、商店会が主催する地域貢献活動(まちの美化運動やリサイクル品回収イベントなど)や、各店舗で実施する社会貢献活動(マイバッグやマイ箸、地産地消メニューなど)の参加者に対してアトム通貨を配布し、そこから商店側にも充分なメリットが得られることです。配布原資の負担をしなくてはいけませんが、その見返りとして、商店会や店舗の地域に貢献する姿が参加者の共感をよび、顧客開拓につながることを想定しました。

成功事例としてアメリカで生まれたコーズマーケティングがあります。コーズ(Cause =大義、目標、理想、よきこと）を全面に出したマーケティング活動で、アメリカ企業では一般化していますが、それを商店会や店舗に当てはめ、地域貢献の旗を振らせました。そしてそれに共鳴した顧客との間に絆を生み出し、その絆の一本一本が地域コミュニティへとつながっていくという予想図を描いたのです。今振り返ると、根拠に乏しい妄想としか思えませんが、当時は真剣に考えたことでした。この提案のように通貨配布に顧客開拓効果があり、売り上げに結び付くことが実証されなければ絵に描いた餅で終わってしまいます。

（6）アトム通貨のステータス

さて、九ページで地域商品券を引き合いに、市場交換において地域通貨が国家貨幣に対抗するには、プレミアム的価値の付加が必要だと書きました。そこで、アトム通貨では通貨券のステータスを上げることで、プレミアム的価値を取得することを目指しました。

まず、配布にあたり「地域」「環境」「国際」（のちに「教育」が加わる）に貢献するプロジェクトを条件付けたことで、社会貢献型というステータスは獲得しました。

次に、地域通貨の特性である言語メディアの価値を利用しました。地域通貨は、国家通貨と違い配布や使用方法によって意味的価値が伝達できるメディアです。その価値を活用するには、キャッチーで人から人へ手渡しするときに簡単に添えられる言葉が重要です。そこで、「ありがと

うのカタチ　「THANKS MONEY」というフレーズを紙幣に刷り込み、「アトム通貨の社会貢献活動に参加してくれてありがとう」の意味から、ありがとうの言葉を全面に押し出すことにしました。そして配布する際も、「ありがとう」の言葉を添えるように徹底しました。

最後に、ステータスを上げる最終的な決め手を意匠に求めました。アトムをセンターに置いた表裏のデザインはもちろん、紙質、手触り、厚み、インクなど徹底的にこだわりました。財布に入れやすい一〇〇〇円札サイズに設定し、シワになりにくく破れにくい、そして環境に配慮した古紙と大豆インクを選択しました。

種類も10馬力、100馬力、200馬力の三種類（現在は10馬力、50馬力、100馬力、500馬力の四種類）とし、それぞれ色味からデザインまですべて変えました。これはキャラクターグッズからの発想で、コレクトアイテム化を狙ったものです。入手困難さも合わせると、お宝グッズになり得るではなく、お宝グッズにしなくてはいけないと思いました。誰もが欲しがる通貨でなくては配布する側が費用負担する意義がないと考えたからです。この地域通貨券自体のステータスを上げる施策は、流通を開始すると、狙い通り通貨を受け取る一般消費者から評価を得て、次いで商店にも受け入れられました。

ここでおさらいしましょう。アトム通貨は加盟店で10馬力＝一〇円として使用でき、国家通貨と同等の交換価値は担保されます。さらに地域通貨の言語メディア的特性により、ありがとうのメッセージが加えられ、社会貢献に参加した証としてのステータスも加わります。この二つの価値をどうとらえるかは人それぞれですが（あなたはどう評価しますか？）、少なくとも国家通貨にはない価値が加えられました。

そして、お宝グッズ的な価値です。アトム通貨は市場で交換された時点で、10馬力＝一〇円の交換価値になりますが、使用されなかった場合、価値判断は所有者に委ねられます。国家通貨と交換で入手できないアトム通貨は、人によって額面の一〇倍二〇倍の価値になるのです。実際にヤフーオークションで10馬力が七〇〇〇円、10、100、200馬力の三点セットに十数万円の値がついたこともありました。まさしくお宝グッズとしての評価です。

このようにアトム通貨は構想時からすでに、意志思想的な面から表層面に至るまで、ブランド化を前提にイメージコントロールしてきました。それは、私自身が二〇〇三年のアトム誕生プロジェクトに関わり、そこでブランディングに携わった経験を大いに活かしてのことです。

（7）アトム通貨の交換価値

今にして思えば理にかなったシステムのように見えますが、すべて順調に事が運んだわけではありません。スタート時に、商店にアトム通貨を配布する有効性をいくら説いても理解は得られなかったのです。

結局、通貨を使える店としての加盟店はできましたが、配る側の加盟店は皆無でした。レジ袋一枚二円に対して10馬力の負担は商店にとってハードルが高かったようです。結果として、高田馬場駅前のＢＩＧＢＯＸにある手塚プロダクションが経営する期間限定キャラクターショップの「十万馬力」だけが、レジ袋不要のお客さんにアトム通貨10馬力を配布することでスタートしました。たった一店舗だけでの配布という心もとないスタートでしたが、流通開始日をアトムの誕生日の四月七日に設定したことが大きな追い風となりました。

流通開始前日の四月六日に開かれた記者発表には、新聞社やテレビ局などたくさんのマスコミが参加し、当日の新聞紙面や翌日のテレビのワイドショーで、アトムのキャラクターを使った一風変わったこの地域通貨は大々的に取り上げられたのです。

その結果、流通開始当日には、「十万馬力」店の前に早朝から長蛇の列ができました。物珍しい通貨を求めて高田馬場近郊にかぎらず、都外からも大勢のお客さんが訪れたのです。このよう

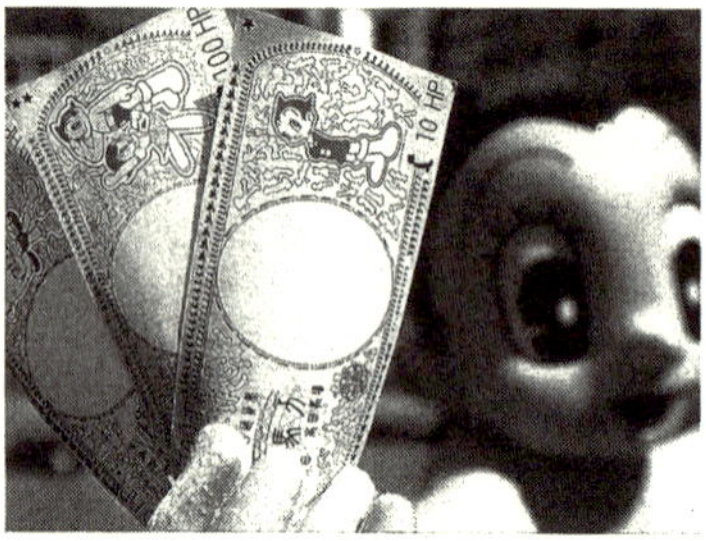

生誕の地に「アトム通貨」 高田馬場・早稲田

奉仕活動の返礼に 70店舗で使用可能

鉄腕アトムの誕生日に「アトム通貨」発行へ——。アトム発祥の地である東京・高田馬場や早稲田周辺で使える特別なお札が7日、発行される＝写真。ボランティア活動をした人に返礼として渡され、協賛の周辺商店街など約70店舗で使える。

お札は額面200馬力（2００円相当）など3種類。9月20日まで利用できる。

高田馬場や早稲田で活動するボランティア団体などを通じて、街のゴミの清掃や子どもを支援する活動をした人たちに配られる。

アトムは「西暦03年4月7日、高田馬場にある科学省で」誕生した。

〈朝日新聞〉2004年４月６日付夕刊

な現象は数週間にわたって続きました。

それを目の当たりにした商店は次々に通貨の配布店に加わっていきます。食料品店では、五〇〇円以上お買い上げでレジ袋不要の人、クリーニング店ではハンガー五本返却の人など独自のアイディアを盛り込んだプロジェクトをはじめました。そのほかユニークなものでは、子どもが一人で買い物に来た場合に、お駄賃として10馬力というのもありました。何はともあれ、通貨流通を機に商店の価値観は大きく変化し、次々とまちのためによいことプロジェクトを発案していくのです。

そしてもう一点、見逃してならないことは、アトム通貨の交換価値は受け取る側で評価されるということです。地域清掃のボランティアでは二時間の労働対価が100馬力にもかかわらず、五〇〇人以上の参加者が集まったこともありました。その反面、店舗での通貨使用率は低く、年間の配布額に対する使用額は六〇パーセント程度です。

このように、獲得欲求が高いのならそれをうまく活用すればよいのです。アトム通貨で地域貢献を推進しながら商売に結び付け、また、まちのためのボランティアを募るのでよいと思います。地域通貨にとって一番重要なのは国家通貨に勝る価値観を備えることにあります。

こうして得た市場交換における優位性は、アトム通貨を長く継続させる原動力になっています。年数を経過するに従って、お宝グッズの表層的価値から、意味的価値に評価は移行し、通貨本来の目的と役割を担えるようになりました。そして補填予算を組む必要もなく、テコ入れ策として毎年通貨のデザインを一新させることで、その価値は長年にわたり保たれているのです。このことは、アトム通貨の年間発行額が年々増えていることが実証しています。

（８）ボランティアマネーとしての側面

ここまでは商店街を軸に説明してきましたが、ＷＡＶＯＣが推奨したとおり、アトム通貨によって学生やＮＰＯ、自治会などが参加するボランティア活動の輪も、確実に広がっています。アトム通貨はボランティアマネーとしての側面も充分に果たしているのです。実際に、アトム通貨を利用することで、ボランティアをはじめ、イベントへ参加する敷居が低くなっています。アトム通貨をお礼とすることで、肩の力を抜いて活動に気軽に参加できているようです。

現在は、学生も含めボランティア活動で配布する通貨の費用負担を、実行委員会ではなく主催者負担にしていますが、それでも配布申し込みは絶えません。これらアトム通貨のボランティアマネーの側面については、このあとの「テーマ・コミュニティのカジュアル化」（四四ページ参照）で詳しく述べます。

（９）アトム通貨の強み

このようにアトム通貨流通前の実行委員会では、ＷＡＶＯＣと高田馬場西商店街振興組合、早稲田大学周辺商店会連合会、手塚プロダクションという四つの団体で活発な議論を繰り返し、アトム通貨の骨子を構築してきました。そのなかからここでは、私が担当したアトム通貨のブランディングと、個人的に思い入れの強い商店街との関係性を抽出して紹介しました。この二点は、現在でもアトム通貨の肝《きも》となっていて、ほかの地域通貨とは違う点であり、成功した要因であるといえます。

まちのなかで人と人との接点になる商店街の積極的な姿勢は、それを利用する住民や企業、大学、ＮＰＯ、自治体などの参加も促すことになり、アトム通貨をツールとしてまちと人がつながるようになりました。アトム通貨ブランドの核となる通貨券のステータスは、表層的価値（意匠、キャラクター、お宝グッズ）からはじまり、意味的価値（社会貢献活動に参加している証、ありがとうのカタチ）によって高められます。共感しやすいプロジェクトテーマ「地域」「環境」「国際」「教育」もアトム通貨の強みの一つです。

さて、アトム通貨流通前の実行委員会ですが、ほかにも組織体制や規約、資金調達をはじめボランティア推進についてもたくさんの議論が展開されましたが、それをすべて紹介しても意味がありません。組織体制や規約などは、年を重ねるごとに見直され、全国展開するにあたっては不足部分が多すぎることから一新されました。その内容については現在の実例に沿って、次のアトム通貨基本編で紹介します。

2 アトム通貨のシステム解説（基本編）

ここでは、現在アトム通貨実行委員会本部で推奨している組織体制や運営方法などを、実践に則したかたちで規約も織り交ぜながら紹介していきます。アトム通貨で実施する事業は、利益を発生しないため、基本はすべてボランティアか兼業での対応を前提としています。

また、分かりやすい例題として、よくある質問をピックアップしてQ＆A形式で項ごとに記載しました。

（1）実行委員会

アトム通貨の中心になるのは実行委員会です。ご存じのように、地域コミュニティを活性化させるには、より多くの人の参加が不可欠であり、多様な団体の参加を促すためにも実行委員会のあり方が重要になります。これは全国どの支部のケースでも同様で、アトム通貨の導入を希望された場合、まず、地域の多様な団体を集めて、実行委員会を設立することからはじめていただきます。
アトム通貨の支部を設立するにあたり、本部から提供される規約にも次のような条項が盛り込まれています。

支部規約　第二条【目的】
本会は『未来の子どもたちのために』をテーマに、「地球環境にやさしい社会」「地域コミュニティが活発な社会」「国際協力に積極的な社会」「教育に真摯に向き合う社会」の四つの理念を柱とし、さまざまな社会貢献活動の支援を目的とする。

支部規約　第四条【活動】
本会はアトム通貨をツールに商店街、学生、NPO、その他多くの公共機関とも手を取り合い、枠を越えた人と人との交流や共同アクションを活発化させ、前項第二条の四つの理念を達成し、「ありがとう」が溢れるまちづくりを推進する。
また、アトム通貨の造幣は本部が行い、支部は本部が認めた地域内で通貨の発行、預かり金管理、最終換金等を行い、そこで発生した処問題は支部が責任もって解決にあたる。

この実行委員会形式を徹底させるために、アトム通貨のライセンス契約は一企業、一団体とは締結していません。あくまで実行委員会がライセンス契約の対象になります。

なお、一支部が活動できるエリアは、市区町村（基礎的地方自治団体）にかぎられます。

次によくいただく質問を紹介します。

Q なぜ商店街が中心なのですか？

A アトム通貨がほかの地域通貨と違う点は、商店街（アトム通貨加盟店）が通貨を積極的に配布することにあります。アトム通貨加盟店は配られた通貨を受け入れる（使える）だけでなく、地域社会や地球環境によいプロジェクトを自ら実施し、地域コミュニティの起点になることを要求されます。そのためのツールがアトム通貨であり、結果、導入された多くの地域の活性化につながりました。逆の観点から言えば、商店街の積極的な参加が得られなければ、アトム通貨を導入する意義がありません。

ＮＰＯなどが中心に活動するボランティアマネーやエコマネーでは、配布の機会も参加者の顔ぶれもかぎられてしまい、地域に広く浸透することは難しいと感じます。誰もが気軽に地域活動に参加できること。そこから地域コミュニティは広がり、その窓口には商店街が最適だと私たちは考えます。

Q　理想とする組織や運営形態はありますか？

A　複数の商店会の参加で、アトム通貨加盟店は一〇〇店舗以上。それを管理するには商店街連合会や商工会が事務局業務を担当されるとスムーズです。

通貨の年間配布量は一〇〇万馬力以上。地域に浸透させるには、これぐらいの配布量が必要になります。

次に、実行委員会とともに支部を形成する事務局と加盟店について説明します。

(2) 事務局

実行委員会のもとで実務を司るのが事務局です。事務局には、**図1－3**のような役職を置くことを推奨しています。

これらの役職すべてに別の人を配置する必要はありません。兼務も可能で、支部の状況に合わせたアレンジは自由です。ただ、ボランティアでの業務担当や、通常の役務との兼業を考慮したとき、一人に重い負担がかからず、何人かで分担する必要があります。

図1－2　組織図

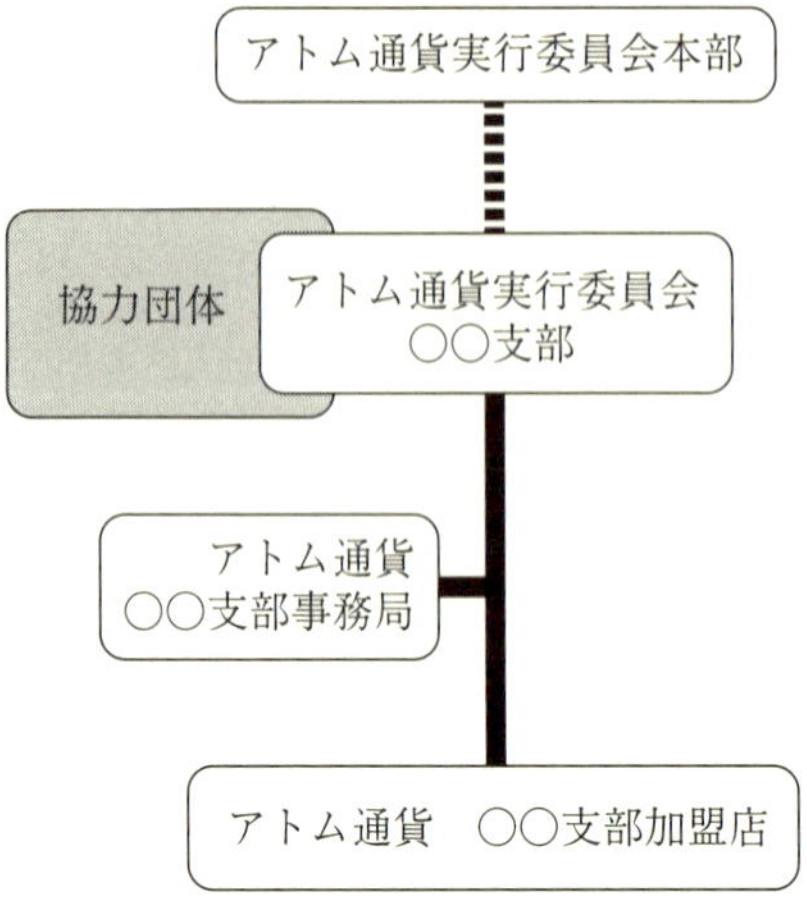

図1－3　事務局組織図

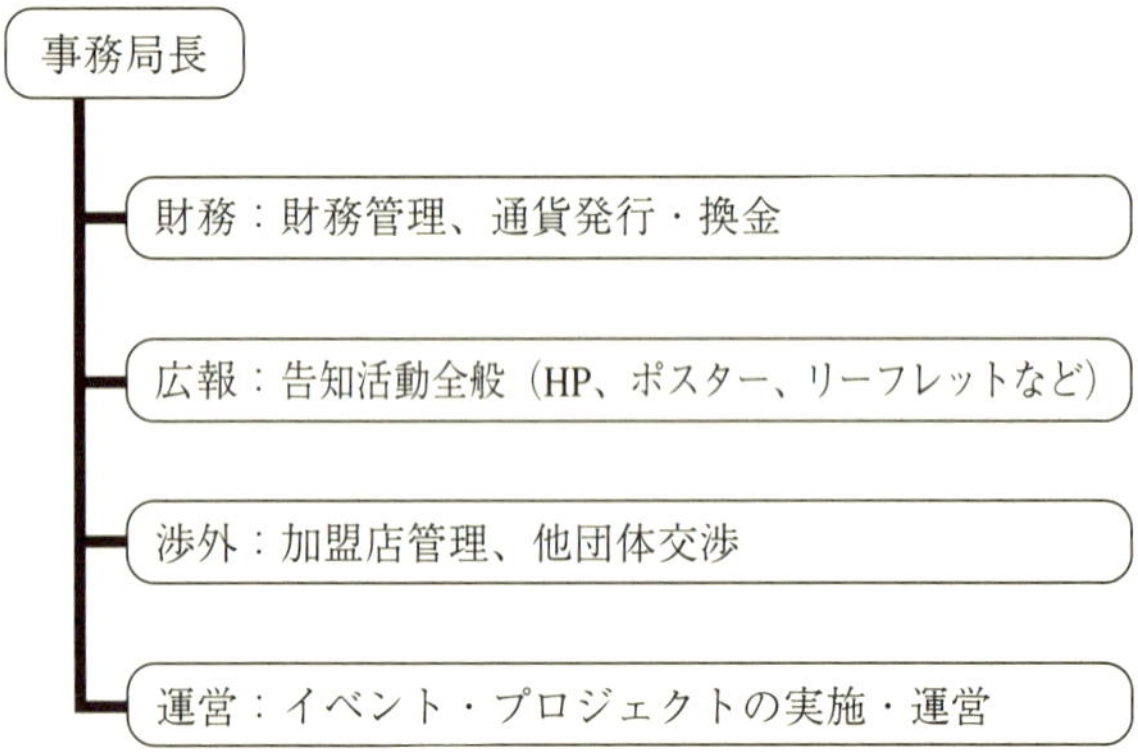

Q　事務局はNPOでも担当できますか？

A　できますが、アトム通貨の業務で利益をあげることはできないので、スタッフの人件費をどこから捻出するかがポイントです。基本はすべてボランティアです。
　仕事量としては、ほかの業務の片手間で対応できる量で、本来なら商工会や商店街組合などが事務局を担当すると、通常業務との関連性も強く、スムーズに運びます。

Q　事務局スタッフに専門的な知識は必要ですか？

A　広報担当者は、アトム通貨公式サイト支部ページの更新作業をしなければなりません。そのため、パソコンが扱え、Ｗｅｂの簡単な知識が必要です。ほかはとくにありません。

（3）加盟店

アトム通貨加盟店には、次の三種類があります。
・「アトム通貨がつかえる店」（配布された通貨を1馬力一円で使用できる店）
・「アトム通貨がもらえる店」（店舗が実施するプロジェクトで通貨を配布する店）
・「アトム通貨がつかえて、もらえる店」

加盟店の店頭には、アトムの顔が目印のシールが貼られ、店舗が実施するプロジェクトの店頭告知ＰＯＰ用テンプレート（アトムのイラスト入り）が支給されます。

支部が制作するリーフレットへの加盟店情報記載や、アトム通貨公式サイトでは店舗の詳細情報も公開しています。加盟店になる条件は支部によって異なりますが、加盟料を徴収する代わりに店頭用のノボリを支給する支部もあります。

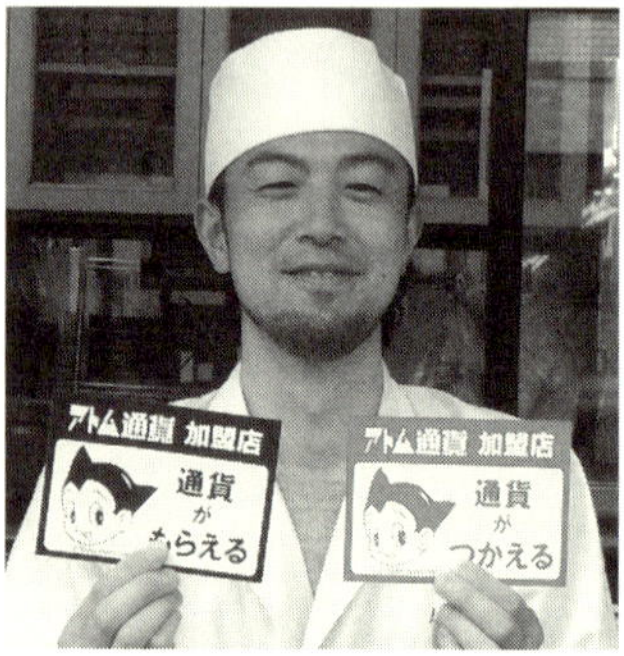

加盟店シール

全国の支部で共通する事項はアトム通貨加盟店規約で次のように定めています。

加盟店規約　第三条【通貨配布（もらえる店）プロジェクトルール】

一、アトム通貨の理念に賛同していること。

二、プロジェクト規約にのっとり申請し、実行委員会の承認が得られていること。

三、申請内容に沿ったプロジェクトを実施すること。

加盟店規約　第四条【通貨回収（つかえる店）プロジェクトルール】

一、アトム通貨の理念に賛同していること。
二、アトム通貨加盟シール、ポスターをお店に貼付すること。
三、商品購入やサービスを受ける際に、アトム通貨十馬力を一〇円で換算すること。
四、アトム通貨使用時に特別なサービスを実施する場合はあらかじめ支部に申請のうえ許諾を得ること。
五、指定されている期間内に事務局にて換金をおこなうこと。
六、回収された通貨を店舗で再配布するなど二次使用せず、全て換金に回すこと。

Q　加盟店になるとどんなメリットがありますか？

A　加盟店シールやポスター、プロジェクトPOP用のテンプレートが支給されるほか、アトム通貨の告知媒体に加盟店として情報を掲載できます。アトム通貨を上手に活用し、店として地域貢献しながら顧客獲得をはかるためのプロジェクトを推進してください。

Q　アトム通貨使用時の特別なサービスとは

A　過去の事例では、10馬力でご飯大盛りサービスや、小鉢一品サービスなどがあります。10馬力で商品五パーセント割引など、店舗の特性に合わせて実施可能です。

（4）イベントとプロジェクト

アトム通貨では、加盟店などが年間を通じて行なっている配布活動をプロジェクトと称し、NPOや自治会、行政機関などが単発で配布する活動をイベントと称し区分けしています。

プロジェクトとイベントのどちらも、アトム通貨の理念である「地域」「環境」「国際」「教育」のいずれかに則した内容であることが条件になり、その条件を満たし支部管轄地域内で実施され、通貨の配布を希望する活動に対して、支部で適切と判断した場合本部に申請し、本部の承認を得たうえで実施となります。

また、アトム通貨支部規約第四章ではイベントおよびプロジェクトルールを次のように定めています。

第十九条【通貨配布イベント・プロジェクトルール】

イベントおよびプロジェクトでの通貨配布は次の内容を満たすことを条件とする。

また、支部は次の内容に従って通貨が配布されるよう指導、管理する。

一、アトム通貨の理念に賛同していること

二、本部の承認が得られていること

三、通貨の配布とその報告を、支部を経由し本部に行うこと。

通貨配布イベント・プロジェクトは支部から本部に申請され、本部で承認される。

アトム通貨イベント・プロジェクト規約では禁止事項を次のように定めています。

第五条　通貨配布における禁止事項

一、アトム通貨の理念に反した行動における通貨の配布を禁ずる。

二、未成年者に悪影響を及ぼすものによる通貨の配布を禁ずる。

三、政治活動、宗教活動を目的とする通貨の配布を禁ずる。

四、営利を目的とする通貨の配布を禁ずる。

五、通貨の複製、転売を禁ずる。

六、通貨の再利用を禁ずる。

Q　各支部で実施しているイベントやプロジェクトにはどのようなものがありますか?

A　エコプロジェクトでは、マイバッグ、マイ箸、マイタオル（理容店）、エコキャップや古紙などのリサイクル品回収、地産地消メニューの提供などのほか、打ち水やキャンドルナイトなどのイベントも活発です。

春日井支部では市長自らが節電プロジェクトを立ち上げ、広く市民に呼びかけアトム通貨を配布しました。地域貢献プロジェクトでは、地域清掃やお祭り、ラジオ体操の参加など、教育プロジェクトでは、子ども一人でのお使いや、残さず食べるなどが実施されています。

（5）流通システムと通貨券

通貨は支部ごとに発行されますが、デザインと印刷は本部で一括して行っています。デザインは毎年刷新され、ベースのデザインは全支部共通です。これは全支部の加盟店で共通して使えるようにするためで（500馬力をのぞく）、ほかの支部の通貨であっても加盟店が混乱しないように配慮しています。中央のスカシ部分は支部ごとに異なり、地域の特産品やキャラクターを入れるなど支部のオリジナリティーを活かし、発行支部名が大きく記されています。

また、ほかの支部の加盟店で使用された通貨も最終換金は発行支部で行います。そして、まとめて印刷することでコストを押さえ、一定のクオリティーを保っています。流通システムについては、七〜八ページをご覧ください。

単位は馬力

アトム通貨の貨幣単位は「馬力」です。これは、アトムの力が一〇万馬力であることから、地域通貨にもアトムのようなパワーをもたせたいという気持ちを込めて設定しました。1馬力＝一円で換算されます。

流通期間

アトム通貨の第一期から第五期は、通貨の発行日から六か月間が流通期間に設定されていましたが、二〇〇八年に金融庁より「前払式証票」（現在の法律では廃止）には該当しないことの認定を受け、第六期からは通年流通になりました。それ以降、新年度の通貨との切り替えや、決算作業にあてる一か月を除き、毎年四月七日から翌年二月末日までを流通期間に設定しています。

種類

アトム通貨発足から三年間は10馬力、100馬力、200馬力の三種類を発行していましたが、二〇〇七年度の第四期より200馬力が廃止され代わりに50馬力が加わりました。二〇一二年度の第一〇期には新たに500馬力が加わり、現在この四種類が流通しています。

全国の支部ごとのオリジナル通貨の発行がはじまったのは二〇一〇年度第七期からです。

デザインは馬力ごとに異なり、また、期ごとに絵柄を一新し、毎年異なるデザインの通貨が流通されます。

使用にあたっての注意

・アトム通貨は非売品です。転売することを禁じます。
・アトム通貨を実行委員会の許可なく複写、転載することを禁じます。
・アトム通貨は加盟店舗で利用可能です。現金との交換はできません。
・アトム通貨は発行された支部に加盟する店舗にかぎらず、全国どこの加盟店でもご使用いただけます。
・アトム通貨でのお買い物には、おつりは出ません。
・アトム通貨の利用有効期限は、通貨に記載されている期間にかぎり、期限が過ぎた通貨は無効となります。

（6）広報関係

アトム通貨に参加する大きな魅力として、アトムのキ

アトム通貨の表面

ャラクターを宣伝物に使用し集客につなげられることがあります。

本部では支部に対するアトムのキャラクター使用範囲を設定し、使用可能な広報素材（アトム通貨のロゴ、通貨画像、アトムのキャラクター画像）の提供および広報物の監修を随時行っています。その使用範囲については、アトム通貨支部規約で次のように定めています。

第二十一条【宣伝・広報】

一、宣伝、広報の基本はアトム通貨実行委員会の支部が作成する広報物への掲載とアトム通貨公式ホームページでの情報発信とする。

二、支部で行う宣伝・広報物での「鉄腕アトム」のキャラクター使用については、その都度、手塚プロダクションの許諾を受け、監修を受けなければならない。

三、プロジェクト主催者が独自で告知を行う場合、以下

アトム通貨の裏面

の制限を設ける。
①一店舗、一企業が行う宣伝・広報において、アトムのキャラクター使用を禁ずる。
②広報物作成の際は、当団体が支給するアトム通貨の画像、ロゴの使用は認める。

ホームページの運用

アトム通貨公式ホームページのなかに、各支部の専用ページが設置されています。これは、見知らぬ地域同士がサイトを共有することで一体感を生み出すことと、情報共有することでほかの支部のよいプロジェクトを自分の地域にも取り入れやすくすることからです。支部のページには、イベント情報、プロジェクト情報、加盟店紹介、ブログのコーナーがあり、それぞれの支部で更新作業を行います。

支部のページにアップされた情報は随時フェイスブックなどSNSでも発信されるほか、定期配信されているメルマガにも記載されます。

（7）アトム通貨の運営資金

図1－4がアトム通貨の年間運営資金モデルです。早稲田・高田馬場支部の資金状況をそのままモデルとして使用していますが、年間の支出予算を一〇〇万円から一二〇万円に設定していま

アトム通貨広報関連マニュアル

■支給ツール詳細

◎キャラクターを使用する際の注意点

キャラクターを使用する際は以下にご注意ください。

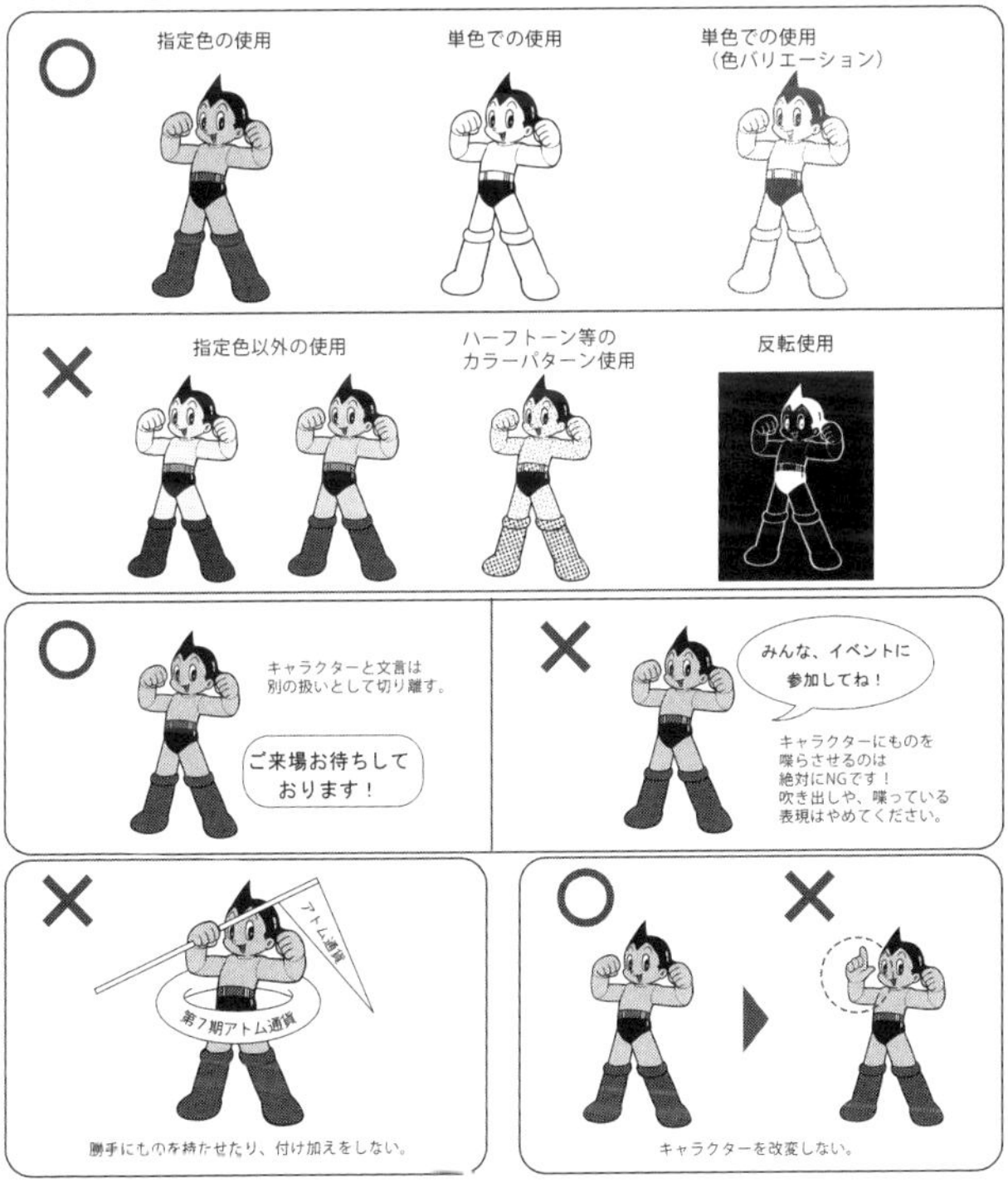

○
指定色の使用
単色での使用
単色での使用
（色バリエーション）
×
指定色以外の使用
ハーフトーン等の
カラーパターン使用
反転使用
○
キャラクターと文言は
別の扱いとして切り離す。
ご来場お待ちして
おります！
×
みんな、イベントに
参加してね！
キャラクターにものを
喋らせるのは
絶対にNGです！
吹き出しや、喋っている
表現はやめてください。
×
アトム通貨
第7期アトム通貨
勝手にものを持たせたり、付け加えをしない。
○
×
キャラクターを改変しない。

＜その他注意事項＞

同じキャラクターを同一紙面上に複数配置しないこと。（アトムとウランなど別キャラクターの組み合わせはOK）

※上記のアトムは支給ツールではありません。

これらの注意点に気をつけていただいた上で、広報活動をお願いします。

また、上記以外でも、キャラクターにふさわしくない使用がみられた場合はNGを出す場合があります。

-5-

広報マニュアル抜粋

図1－4　アトム通貨の年間収支

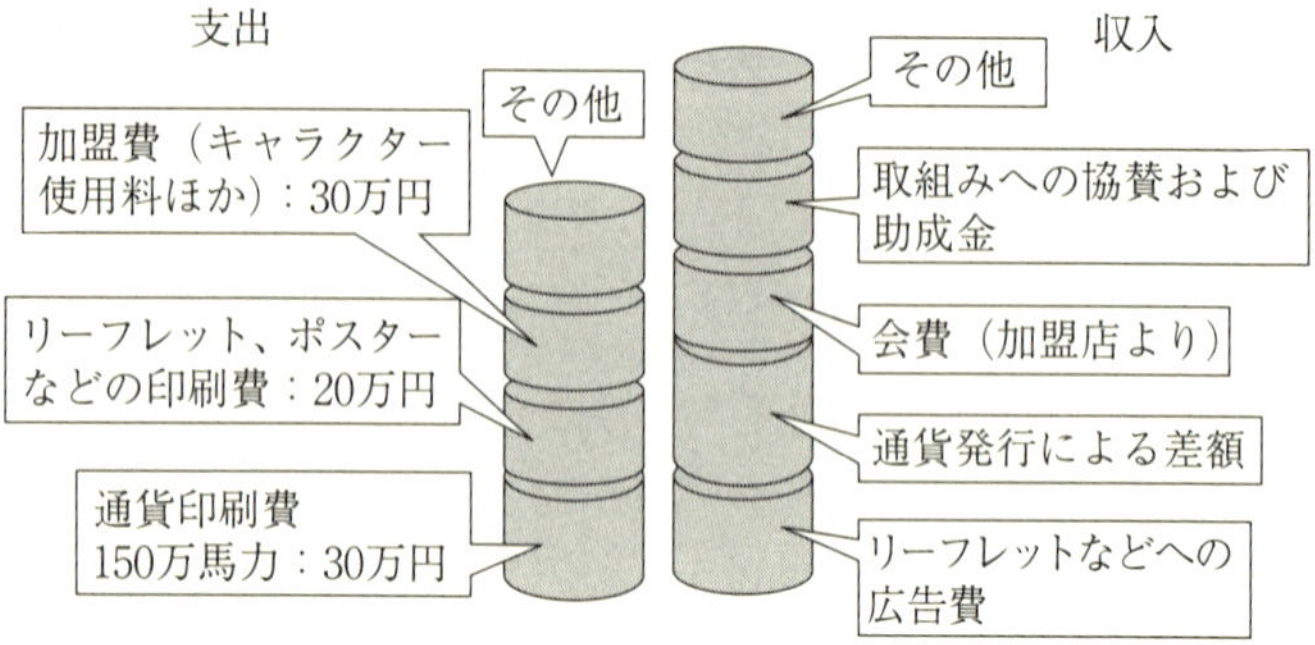

支出の目安
年間運営費 100 万円

収入の目安
広告費５万円 × ８口
通貨発行差額（50%程度）
助成金、協賛金、会費など

す。収入はリーフレットへの広告協賛と通貨の換金差額が中心になります。

換金差額は、イベントやプロジェクトでアトム通貨を発行した額から、実際に店舗で使用され事務局で換金した額を引いた残金です。使用されず記念品として持ち帰られたアトム通貨は、翌年の事務局の運営資金に回されます。

3 アトム通貨を導入したことで得られた効果（作用編）

ここまでの概念編と基本編でアトム通貨のブランドコンセプトはご理解いただけたと思います。ここからはアトム通貨がほかのものに及ぼす影響や効果について検証していきます。商店の商売がどう変わったか、ボランティア活動にどのような変化が見られたか、人とまちの関係はどうなっていくのかなどの実例を示しながら説明します。

（1）商店におけるコーズマーケティング

一四ページで触れたように、コーズマーケティングとは企業の社会問題や環境問題などへの積極的な取り組みを対外的にアピールすることで顧客の興味を喚起し、利益の獲得を目指すマーケティング手法で、社会的貢献とビジネス目標の達成を同時に実現しようという考え方です。ここ数年、日本で普及するにあたり一部で、寄付つき商品販売をコーズマーケティングとしてとらえていますが、本来の意味はコーズ（Cause ＝大義、目標、理想、よきこと）を全面に出したマーケティング活動を指します。

一九八三年にアメリカン・エキスプレス社が、カードの発行一枚ごと、またはカードの利用一回ごとに「自由の女神修復プロジェクト」に寄付を行い、このことを世間に大々的にアピールし、新規顧客の獲得に成功したのがはじまりだとされています。

その後アメリカでは一般化しましたが、日本では社会貢献は黙ってひっそり行うことが美徳とされる文化があり、表立った動きは見られませんでした。しかし、東日本大震災以降は復興支援を企業が堂々と発表するなど社会状況が変わってきました。企業のホームページでもＣＳＲを紹介するページで自らの社会貢献活動を公開するなど、活発化しています。

このコーズマーケティングの考え方をアトム通貨ではいち早く二〇〇四年より取り入れ、加盟店の原動力にしています。まちの商店が偉そうにと思うなかれ。それぞれが知恵を絞った素晴らしい事例を紹介します。

高田馬場にある「中国厨房一番飯店」（一二二ページコラム２参照）では、アトム通貨に加盟するとマイ箸プロジェクトをはじめました。マイ箸持参で来店してくれた人に10馬力を進呈する内容だったのですが、思ったほど参加者はいませんでした。そこで箸と箸入れをセットで販売し（二〇〇円）、使用後もお店で洗浄、殺菌し、名札を付けて預かるサービスを開始したのです。ボトルキープならぬマイ箸キープです。

このサービスによる一番のメリットは、お客さんの名前を知ることができたことです。次に来店したとき、気軽に名前で話しかけることで両者の距離がぐっと縮まったそうです。土地柄、上京した独り暮らしの学生が多く、不安な都会暮らしのなか、自分の名前を呼んでくれる店の存在はさぞ頼もしかったことでしょう。マイ箸を置いたお客さんは、友達を連れその店に通うようになります。そこで名前で呼ばれてマイ箸が登場します。常連面がちょっと自慢になります。

　すると今度は、連れてこられた友達がマイ箸を購入し、さらに新しい友達を連れてきます。こうして店にキープされたマイ箸は一〇〇膳を超えていったのです。また、マイ箸をキープしている見知らぬお客さん同士が隣り合わせで座ったとき、自然と会話が生まれるケースもあると言います。マイ箸が取り持つコミュニケーションのはじまりです。もともと地域活動に熱心な店ですが、こうしてマイ箸利用による地球資源の節約をアトム通貨で推進しながら、それを堂々とPRして顧客を増やしていったのです。

　そのほかのユニークな取り組みと言えば、子どものお使いプロジェクトでしょう。子どもが一人でお使いにきた場合、お駄賃にアトム通貨を渡したいと商店主から申請がありました。当時のアトム通貨の配布は「地域」「環境」「国際」に貢献する内容と定められており、どれにも当てはまらないが、子どもが商店街で買物をすることは地域活性

手塚プロダクション御用達の一番飯店

化につながると無理やり解釈し許可しました。

その後、「教育」を理念に加えることですっきり収まりましたが、店主の人柄が感じられるこの取り組みは大変微笑ましく、たちまち人気のプロジェクトになり、その派生系として残さず食べるプロジェクトも生まれました。いずれも子どもを対象としたプロジェクトで、今では各支部でも活発に行われています。エコ系のプロジェクトはマイ箸、マイバッグにはじまり、美容室でのマイタオル、詰め替え容器持参、エコキャップや古紙などリサイクル品の回収、地産地消メニューなどバラエティーに富んでいます。

そのほかにも、廃油と廃瓶を利用したキャンドルや新聞紙を使ったバック制作などのワークショップも人気です。打ち水やキャンドルナイトは年間行事の一つに組み込まれるようになりました。省エネ製品やフェアトレード商品の購入時にもアトム通貨は配られています。高田馬場西商店街が主催する地域清掃では地元の小学生や父兄などが参加し、多いときは五〇〇名以上が集まる大イベントになっています。

ハツキタエコ倶楽部に参加している小学生

また、札幌支部が実施しているハツキタエコ倶楽部は、地元の小中学校と親交を図りすぎて、発寒北商店街は小中学校の校庭と化しています。さらに新宿支部では、オリジナル地産である

「十万馬力サイダー」の瓶を返却すると、アトム通貨50馬力がもらえる仕組みになっています。

書き出したらきりがないほどのプロジェクトやイベントですが、すべてアトム通貨を配りたいと思う人の発意から生まれ、配布費用も配る側が負担しています。

このようにアトム通貨加盟店では社会貢献活動を堂々と宣言しながら、自店へのファンづくりや顧客の獲得を行っているのです。それができたのも、一店舗だけ単独で行うのではなく、アトム通貨の取り組みのなかで、お互い競争しながらプロジェクトを推進していく空気がつくれたからでしょう。

これはとても大事なことで、アトム通貨をツールにすることで遊び心が加わり、日本人的美徳が打ち消され、他店と一緒にテンションを高めていくことで結果につながります。

本部でも商店の活動を活発化させるために、プロジェクトを紹介する店頭ＰＯＰのテンプレートを作成して無償で支給するなど後押しています。

加盟店がプロジェクトを告知するPOP

（２）テーマ・コミュニティのカジュアル化

これまで「アトム通貨で地域コミュニティの活性化」とお題目のように唱えてきましたが、それが容易なものではないことは重々承知しています。地域活動を進めるにあたって、地域コミュニティの活性化は分かりやすいフラッグであり、同じ方向を向くほかの団体とパートナーシップを結ぶための合言葉のようなものです。そうしたなか、実際にまちで動いているのがテーマ・コミュニティで、その一つひとつが重要であり、そこに多くの感心が集まることが地域の問題解決につながります。

その昔、組織化された町内会や自治会により、地域住民の福祉・環境・防犯・防災など生活全般に関わるあらゆる互助サービスが総合的に展開されてきました。これは、市町村の行政事務を代行する側面も少なからずあり、行政も地域コミュニティを代表する機関として町内会・自治会を通じた住民サービスを供給してきました。

しかし、高度経済成長期を経て、住宅環境の変化から次第に地域社会の住民層のなかに地域と疎遠な人々が増えていきました。また、市民の行動範囲の広がりや志向の多様化もあり、生活スタイルは変化し、町内会や自治会のような既存の地域コミュニティへの依存や関わりは薄れていったのです。その代わりに高まったのが、特定の分野に特化した活動を目的とするテーマ・コミュニティ活動でした。

テーマ・コミュニティとは特定の地域問題の解決や前進に向け、一定の分野に特化した活動を行うコミュニティのことを言います。従来は市民グループなど、意識の高い市民による自主的な団体でしたが、特定非営利活動法人の資格取得が容易になり、ＮＰＯや市民団体など多様なかたちのテーマ・コミュニティが増えていきました。

たとえば、市町村の市民グループによる環境団体や人権団体、防災組織、防犯組織、文化団体、行政オンブズマンの会などがそれで、特定の活動対象をもったＮＰＯも含まれます。必ずしも社会問題を対象としたものにかぎられるのではなく、地域のなかで特定の活動に特化したコミュニティ一般を指す概念です。

こうしたテーマ・コミュニティは一般市民にとって、感心はあっても活動に参加するのはまだまだ敷居が高いというのが本音ではないでしょうか。地域におけるテーマ・コミュニティが閉ざされた印象であるのに対し、ネット上のＳＮＳで展開されているテーマ・コミュニティは活発化し、一定の成果もあげています。この要因にはネットの特性である広い発信力もありますが、外から眺めて面白そうだから参加してみるといった気軽さ、カジュアルさがあるからでしょう。

アトム通貨には、地域で行われるテーマ・コミュニティの敷居を低くして、気軽に参加させる作用があります。「地域」「環境」「国際」「教育」といったテーマは地域で活動するＮＰＯや市民グループの活動内容と重なる部分が多く見られます。また、これまでの活動の積み重ねにより地域でのアトム通貨の認識度は、NPOや市民グループなどより高いのです。さらにアトム通貨には加盟店という強力なアウトプットの場もあります。

たとえば早稲田・高田馬場支部の活動に参加しているNGOシャプラニール(1)のステナイ生活などは、アトム通貨を上手に活用したよい例でしょう。南アジアの恵まれない人たちを支援する活動を四〇年以上続けているシャプラニールは、国内のNGOのなかでも老舗中の老舗で、近年でも、「沖縄平和賞」「ピースアワードＨＩＲＯＳＨＩＭＡ」という栄えある賞を二年連続で受賞するような団体です。にもかかわらず、国際貢献が基盤のため活動が広域になり、本部がある早稲田での知名度は低いのです。

家庭や会社での不用品を寄付してもらい、南アジアの人たちの生活に役立てるステナイ生活には、国際貢献に対する意識の高い全国各地の人から物が送られてくるのに対し、地元である早稲田・高田馬場地区からの参加は今ひとつでした。一般の生活者にとって国際貢献は身近に感じられる題材でなかったこともあったのでしょう。そこでアトム通貨のプロジェクトにステナイ生活を登録したところ、加盟店の協力が得られ、店舗でチラシを配布し、店頭には募金箱を設置することができました。

身近な店舗でこうした活動に触れたことから一般にも受け入れられ、一つの成果につながったのです。この国際貢献プロジェクトは、今でも続けられています。ほかにも、NPOや市民グループなどが行うイベントをアトム通貨に登録したところ、期待以上の参加者が集まったという声が多数聞かれます。

一般の人からも、ボランティア活動に照れずに参加できるようになりましたという意見があがってきます。アトム通貨をもらうという行為が、ボランティア参加への後押しになるのでしょう。このことはのちほど詳しく解析します。

手塚プロダクションでは毎年地域の小学校の社会科見学を受け入れており、そこで毎回アトム通貨のことを聞くようにしています。

「アトム通貨を持っている?」

子どもたちの答えは、「今年は三枚集めた」といった調子です。社会貢献しないと手に入らないアトム通貨は、子どもたちにとっても勲章です。

通貨を持つ子どもたち

（1） 一九七二年設立の国際協力NGOで南アジアの人々の生活向上支援を行っている。連絡先：〒169-0051 東京都新宿区西早稲田2-3-1 早稲田奉仕園内 TEL03-3202-7863

「今年はまだ三枚だけど去年は五枚」

このようにボランティアをはじめとするテーマ・コミュニティをカジュアル化させること、広く振り向かせることこそ重要なのではないでしょうか。さまざまなテーマ・コミュニティをゆるく結ぶ。その積み重ねの先にこそ新しい地域コミュニティが生まれると確信しています。

(3) まちと人との関係性マーケティング

関係性マーケティングとは、リレーションシップ・マーケティングの和訳で、一部の学派で使用されていますが、リレーションシップ・マーケティングと呼ぶのが、日本でも一般的です。一九八〇年代にアメリカで概念が生まれ、九〇年代に発展したと言われています。顧客との良好な関係を長期的、継続的に維持し深めていくことで、顧客の強いロイヤリティをつくりだすマーケティング方法とされています。しかし、ここではあえてリレーションシップ・マーケティングではなく、業界では一般的とされていない関係性マーケティングという呼び方で話を進めます。

首都大学の水越准教授たちの学派では、新しい公共・非営利のマーケティングを研究しており、同名の著書（『新しい公共・非営利のマーケティング』碩学舎、二〇一三年）を刊行しています。そこで書かれている内容を要約すると、公共・非営利活動にもマーケティングの概念が取り入れられているが、それは経済活動における交換や取引型を基本としたマーケティング論理によるもので、本来、公共・非営利活動の根幹にあるのは交換や取引ではなく関係性であり、経済活動におけるマーケティングでも関係性の概念が活発に取り入れられるようになった現在、関係性の概念から今一度、公共・非営利のマーケティングを見直そうとしたものです。

この本ではこうしたコンセプトから、NPOや地方自治体などを多数取り上げ、非営利活動における関係性に基づくマネージメントスタイルを検証しています。アトム通貨も、この学派の法政大学西川教授から取材を受け、多数のページを割いて紹介されました。

西川教授はこの本でアトム通貨について、営利活動のマーケティングと非営利活動のマーケティングがうまく共存している点が面白いと書いています。商店自らが顧客獲得という営利目的のマーケティングで通貨を配布するが、そこでは社会貢献という非営利活動のマーケティングを考えるきっかけを提供し、新しい関係性構築をつくりだしている。営利活動と非営利活動のマーケティングが一体化し、商店と、消費者や地域との間に売買取引以外の新しい関係が生まれていると分析しています。

また、貨幣のもつ結合と分離の作用もうまく取り入れていると指摘しています。貨幣は商品の質的特性を価格という一つの物差しに還元することで交換を成立させます。貨幣を媒介することなく交換を行おうとすると、両者で欲しているモノと所有しているモノが一致しなければなりません。双方一致を貨幣により一方的な一致にすることで、広範な結合関係をつくれるのです。また、貨幣は交換が成立した時点で関係を切断する分離作用も備えています。このように貨幣は、縁むすびと縁切りの両方の機能をもっているのです。

この結合と切断の作用は、前述したテーマ・コミュニティのカジュアル化で顕著に見ることができます。ボランティアを募る側は通貨を媒介することで、より広範に結合の機会が得られます。対して、参加する側は通貨を受け取ることでその関係性を切断することが担保され、それが気軽に参加する行為へつながります。しかし、気軽といっても労働の対価に見合った額をもらえるわけではありません。ボランティアに参加する側も冷やかしで参加するのではなく、それなりに興味がある意識の高い人です。一回参加して様子を見て、今後も継続して活動に参加するかを考えたいという心理がうかがえます。

さて、話は関係性マーケティングに戻ります。関係性が重要視される今日、マーケティングの分野では交換（売買）や取引に与える関係性の影響が日々研究されていますが、アトム通貨では関係性を交換（売買）や取引と同等の価値としてとらえ、ありがとうのカタチとして実践しています。人と人とのつながりはお金に代えられない価値があることは、物語のなかのせりふでもお題目でもありません。コミュニティが希薄になり、一人ひとりの孤立が進む現代において、人と人との関係性に大きな価値があることは、言うまでもないことです。

日本マーケティング協会が定めたマーケティングの定義によると、「マーケティングとは企業および他の組織（教育・医療・行政・自治体のほかＮＰＯなどの非営利組織も含む）がグローバルな視点に立ち、顧客との相互理解を得ながら、公正な競争を通じて行う市場創造のための総合的活動である」としています。ここでいう市場での価値を、交換（売買）や取引ではなく関係性、いやもっとストレートに「つながり」と置き換えたらどうでしょう。すると「相手との相互理解を得ながら人と人とのつながりを創造する総合的活動」になります。これこそがアトム通貨の目指している、ありがとうが溢れるまちづくりです。

そこでは、たとえ経済を伴う活動であっても、コンピュータによる顧客データで特徴を分析し、そのニーズに合わせた情報提供から顧客満足度を得るといった一連のマーケティングではありません。もっとバタ臭い、意味的なものによって人と人とが触れ合う機会をつくりだし、そこでのお互いの顔が見える関係から、お客さんが常連さんになり、やがて仲間とよべる関係となっていくのです。

商店におけるコーズマーケティングで紹介した一番飯店のケースでは、お客さんとの親密度から、明らかに関係性を重視したマーケティングの領域に移行しています。こうした顧客との良好な関係を長期的、継続的に維持し、深めていくことで常連さんやファンをつくり出す加盟店がほかにもたくさん増えています。

また、この章の冒頭に書いた概念編で、アトム通貨のステータスとして、「社会貢献型」と「ありがとうのカタチ」をどう価値評価するかを問いましたが、この二つへの評価こそがあなた自身の関係性への価値評価です。何度も例にしていますが、アトム通貨に関わる人たちは、一枚二円のレジ袋の代わりに10馬力配布したり、二時間のボランテイアに100馬力で参加したりと、通常の価値観からは考えられない行動をしています。これこそが、交換（売買）や取引よりも関係性に価値を見出した現れでしょう。

アトム通貨流通当初は、物珍しさからお宝的価値評価が先行しました。そして、一〇年が経過するなかでお宝的価値は落ち着き、本来の意味であるコミュニティをつくりだす点に評価が移行していきました。そうしたなか、現在でもアトム通貨が継続しているのは、アトム通貨を利用するみんなのなかで、知らず知らずのうちに関係性の価値というものが高まっていった結果だと思います。それは、人と人をつなぐアトム通貨がもっている、お金では量れない価値をつくりだす力が評価されているからでしょう。

支部の活動に目を向けると、アトム通貨を観光や環境保全活動に活用する八重山支部があり、ボランティア促進や被災地見学に活用する女川支部があります。新座支部と和光支部では福祉活動でのアトム通貨の有効活用がはじまっています。これらの詳細は、第2章のアトム通貨全国支部の活動紹介をご覧ください。そこには、アトム通貨の全支部が、交換や取引と同じ価値観で関係性を評価し大切にしている様子が書かれています。

このようにアトム通貨をツールに、多様なステイクホルダーがまちと人、人と人との良好で継続的な関係性を模索しています。利用者と新たな関係をつくろうとアトム通貨に可能性を見いだし、あるいはさらに関係性を発展させようという機運が、アトム通貨のすべての支部で高まっているのです。

（4）関係性から互酬性へ

さて、これまで読んで分かるように、アトム通貨はほかの地域通貨（ボランティアマネー）のように福祉的視点から構築したのではなく、マーケティングや、ブランディングといった経済的概念を取り入れ構築しています。それは商店街という地域経済の市場に活動の拠点を構えたことが最たる理由でありますが、地域通貨をマーケティング的観点から見ると、使い勝手がよく、商店街との相性がとてもよいのです。これはほかのアトム通貨の支部でも実証されています。商店街の積極的な参加が得られなかった支部は、継続されることなく導入実験で終了しています。

そして、アプローチ方法こそ違え、アトム通貨でも地域コミュニティの活性化というほかの地域通貨と同じゴールを目標にしています。

やがて、店と顧客の関係だけでなく、まちと人、人と人との関係性がより深まっていったとき、その先に生まれてくるのは互酬性です。誰かが困っているときに別の誰かが助ける。困っているときはお互い様の精神。それこそ多くの地域通貨が目指していたものです。アトム通貨というツールによる新しいコミュニティが確立されたとき、これまでたくさんの地域通貨が果たせなかったその夢が叶うのです。

4 アトム通貨のブランド価値と地域ブランド創造（応用編）

ブランドとは、端的にいうと同じカテゴリーに属する他者と区別するためのあらゆる概念です。概念編で述べてきたように、アトム通貨は設立当初から意志思想的な面から表層面に至るまで、イメージコントロールしてブランド化につとめてきました。

こうしたブランド・デザインを長年にわたり守り続け、さらに活動を全国へ広げたことが、アトム通貨ブランドに信頼性と価値を与えています。ここでは、アトム通貨のブランド価値を高めるために本部が行っている施策と、さらにアトム通貨を発展させ、より地域に活性化をもたらす地域ブランド創造事業への取り組み実例と可能性について紹介します。

（1）アトム通貨のブランド価値の向上

アトム通貨流通開始から一一年、各支部の活発な活動もあり、アトム通貨は国内の地域通貨においで確固たるポジションを築いています。マスメディアでの取り上げはもちろん、毎年全国からの視察を頻繁に受け入れ、講演会の依頼も多く、地域や経済を研究している専門家や大学生の論文の題材にされ、海外メディアから取材を受けることも多数あります。

多くの地域通貨が期待先行の感が強く消えていくなか、アトム通貨の一一年間にわたる活動は、成功事例としての評価を得て、そのシステムは地域通貨のなかでアトム通貨ブランドとして確立したのです。

そうしたなか、本部ではアトム通貨のブランド価値をあげるために、全体に波及効果が得られるようなダイナミックな展開を仕掛けています。決して頭でっかちに論理をこねくりまわしているだけではありません。こうした大掛かりな展開がはかれるのも、アトム通貨の加盟店数や年間発行馬力数が多いからで、この実績を基に新たな取り組みを展開していくことで、アトム通貨のブランド価値はさらに高まっていくのです。以下で、その取り組みを簡単に紹介します。

エコ・アクション・ポイントモデル事業

環境省が推進する低炭素社会実現のための取り組み、「エコ・アクション・ポイントモデル事業」にアトム通貨は二〇〇八年度から三年続けて採択されました。これは、アトム通貨のエコプロジェクトが評価されてのことです。この取り組みによって二酸化炭素の削減量が数値化され、自分たちが実施するプロジェクトの環境に対する貢献度が明確化されました。

年々意識は高まり、三年目には年間の二酸化炭素削減目標を五〇トン、エコアクション（プロジェクトの参加人数）を一〇万人に設定しましたが、いずれもクリアしています。この取り組みは、多数のメディアに大々的に取上げられ、アトム通貨には第一期以来の注目が集まりました。

チャレンジ25キャンペーン――メディアと民間団体による連携事業

同じく環境省が推進する低炭素社会実現のための取り組みで、二〇一〇年度の採択事業にラジオ局の文化放送と連携し、旬産旬消キャンペーンを企画し選出されました。旬の野菜を旬の時期に食べることで露地栽培を推進し、ハウス栽培での燃料消費を押さえ、二酸化炭素の削減につなげる内容で、アトム通貨加盟飲食店との連携で旬産旬消メニューの提供に努めました。この旬産旬消キャンペーンは、「チャレンジ25キャンペーン　メディアと民間団体による連携事業」の二〇一〇年度の注目事例ナンバーワンに選ばれました。

内藤とうがらし再興プロジェクト

二〇一二年度から早稲田・高田馬場支部と進めているプロジェクトで、「農林水産省の知的財産戦略・ブランド化総合事業食文化創出事業の地域段階」の採択を受けて取り組んでいます。詳細は、次の「地域ブランドの創造事業」をご覧ください。

アトム通貨のカーボン・オフセット事業

次は、最新の取り組みについて紹介しましょう。二〇一五年度よりアトム通貨では、全支部で配布される通貨券そのものをカーボン・オフセットします。これは、環境省「平成二六年度カーボン・オフセット認証取得支援募集」の採択を受けたもので、通貨の作製に係る原料の調達、生産や流通に伴う二酸化炭素排出量に対する削減努力を行ったうえで、削減が困難な排出量と同量のオフセット・クレジット（J－VER）(2)を購入し埋め合わせを行います。

二酸化炭素削減のために、紙幣の原料にはサトウキビ搾汁後のバガスを使用し、ベジタブルインクと水なし印刷の技法で製造します。J－VERの購入先は、米川生産森林組合有林間伐促進

（2）　カーボン・オフセット（自らの排出量を他の場所の削減量で埋め合わせて相殺すること）の相殺対象（オフセット用クレジット）として、環境省が認証した国内の排出ガス削減プロジェクトがJ－VER。

森林吸収プロジェクトになります。環境プログラムを推進するアトム通貨であるからには、もっと早めに取り組むべき内容でしたが、ここにきてやっと体制が整い、取り組む運びとなりました。

(2) 地域ブランドの創造事業

アトム通貨は、これまでに書いてきたように、まちと人やさまざまな団体をつなぐツールです。そのツールを活用して商店やNPO、自治体が地域に貢献する活動を日々継続することが重要ですが、ルーチンワークばかりだと活動が硬直化し、やがて停滞してしまいます。そこで新しい試みを取り入れ、刺激や今までにない目標を提示していくことも必要です。

早稲田・高田馬場支部はほかの支部より歴史が長いこともあり、成熟している反面、マンネリ化に陥る危険性もはらんでいます。また、本部と合同でほかの支部の先駆けとなり、新しい取り組みをモデル化し、提示していく役割も担っています。私自身、アトム通貨の本部に携わっていますが、早稲田・高田馬場支部の構成員でもあります。ほかの支部のモデルになる事業の組み立ては、本部と支部を掛け持つ私にとって重要な命題でもあるのです。

そこで、活動の停滞化対策と他支部の模範になる取り組みとして、地域ブランド商品の開発について数年前から検討をはじめました。アトム通貨のつながりを利用した地域ブランド商品づくりは、アトム通貨を地域通貨のなかのブランドに留めず、地域ブランドに押し上げるためにも必要で、この取り組みを早稲田・高田馬場支部でトライしようと考えていました。

地域ブランドとは、その地域に存在する自然、文化、歴史、観光、食、特産品、産業などの地域資源の「付加価値」を高め、ほかの地域との差別化を図ることにより、市場において情報発信力や競争力の面で優位性をもち、地域住民の自信と誇りだけでなく、旅行者や消費者などに共感、愛着、満足度をもたらすものです。

そして地域ブランド商品とは、単に地域名を付けた商品や一部地域のヒット商品ではありません。地域と一体化した取り組みのなかで、最終的に地域全体の活性化に結びつけることができる商品のことです。地域がもつイメージや地域資源を最大限に活用し、地域ぐるみでつくりだすヒット商品こそが地域ブランド商品なのです。

このように地域ブランド商品への取り組みは、地域にさまざまな効果をもたらします。それだけでなく今まで関わりの少なかった団体に接触することが可能で、そこから新しいパートナーシップも生まれます。たとえば地域の企業です。アトム通貨には積極的な参加を得られなかった企業も、まちを構成する重要な一員です。企業のパフォーマンスを地域活性化に結び付ければ、大きな成果が得られることでしょう。それには企業市民の意識に火をつけ、地域の一員である自覚をもたせることが重要です。

しかし、早稲田・高田馬場地域には地域ブランド品はおろか特産品もありません。また、いびつな住民構成（これについては後述します）から、郷土愛が総じて低い地域だと感じていました。だからこそ、地域ブランドの取り組みにどうしても着手したかったのです。

そこで、地域ブランド品に最適な素材はないかと注意していたところ、偶然出会ったのが「内藤とうがらし」でした。五七ページでも少し触れましたが、ここからは「内藤とうがらし」による地域ブランド商品開発への取り組みを紹介します。

内藤とうがらしとは

内藤とうがらしは今から四〇〇年程前、江戸内藤藩邸で生産された八ツ房系唐辛子(3)で、蕎の薬味として江戸中から評判になり、内藤新宿宿場近辺の農村地帯でも生産が活発になりました。当時の文献（『新編武蔵風土記』、『武江産物史』、『守貞漫稿』、新宿の伝統口碑など）に、「新宿から大久保方面にかけて真っ赤な絨毯をしきしめた光景」と記されるほど地域ブランドとして定着していたのです。

四〇〇年後の現在、新宿区を見渡すかぎりその面影はまったくありません。専業農家ゼロ、農作物収穫高ゼロ、という状況のなか、江戸野菜の研究を続けるスローフード江戸東京(4)と筑波の農業研究所によって、内藤とうがらしと同品種の八ツ房系中辛の種が発見され、新宿区内で栽培させようという動きが見られました。

また唐辛子の現状に目を向けると、日本における生産量は一九六三年では年間七〇〇〇トン、国内消費だけでなく輸出も行われていました。しかし、二〇〇九年の農林水産省のデータによると、唐辛子の国内生産量は、七〇分の一の一〇〇トンに激減し、輸入は一万トンを超えています。食の多様化や激辛ブームも重なり、国内における唐辛子の消費量は増えていますが、九九パーセントを輸入に頼っている状況です。ちなみに世界では、五〇〇種以上の唐辛子が栽培され、国内でも過去には五〇種が栽培されていました。このように唐辛子は世界の食文化に欠かせない存在で、日本でも各地の郷土食に入りこんでいるのです。その理由の一つに、唐辛子が熱帯から温帯にかけて広い地域で栽培でき、気候風土に合わせて変化していく適応性の強い植物である点が挙げられます。

以上のような状況から、新宿区だけでなく日本の食文化的にも、生産量の低い八ツ房系唐辛子の栽培には意味があり、また江戸時代に唐辛子産地であった新宿での栽培復活は郷土史的にも、日本の食文化を考えるうえでも大変意義深いことなのです。

---

(3)　トウガラシのなかでも辛みが薄く、葉トウガラシとしての利用にも適した、つくりやすい品種。実が房なりにたくさんつき、ビタミン・ミネラルが豊富。

(4)　一九八六年にイタリアでファストフードへの反対をきっかけに起こった、食を中心に地域の伝統的な文化を尊重しながら生活の質の向上を目指す世界運動で、現在世界一五〇か国に一三〇〇以上の支部があるうちの一つ。

そこで、早稲田・高田馬場支部が中心となり、内藤とうがらしを地域の人たちと一緒に栽培していくことを呼びかけ、内藤とうがらし再興プロジェクトがはじまりました。唐辛子は適応性が高いことから、家庭菜園用のプランターで栽培が可能です。栽培先は地域住民の自宅もあれば、企業の社屋や、商店の店頭、学校の花壇などを対象にしました。そして収穫した唐辛子は、アトム通貨加盟飲食店で料理として提供します。唐辛子は、和洋中さまざまなジャンルの料理で使われ、保存性も高く、大変使い勝手のよい食材です。

このように地域で栽培した唐辛子を地域で提供していくことを手はじめに、そこから地域ブランド商品につなげていく試みがはじまったのです。

早稲田・高田馬場支部エリアと郷土愛

ここであらためて早稲田・高田馬場支部の統括エリアの特性について触れましょう。

東京都新宿区内の戸塚地域（高田馬場、西早稲田、下落合、戸塚町）の住民は約三万人。小学校は四校。第2章でも触れますが、まちの特徴として、早稲田大学や東京富士大学、ヒューマンアカデミー、ESPなど大学・専門学校が多く、通学生は五万人を超えています。百貨店などの大型商業施設はなく、商業の中心は商店街で高田馬場と早稲田で九つの商店会があります。

「戸塚地域の地域コミュニティを考えるにあたり対象は、「地域住民」「通学学生」「企業市民」

に大別され、それらをつなぐ存在として「商店街」が位置づけられます。三者が利用し接点となる商店街ですが、個人商店の経営状況は厳しく、大手チェーンとの競争に勝てず店舗を貸し出し、不動産オーナーになる地権者が増加しています。商店街のなかにも地域住民と企業市民が混在し、チェーン店の増加から商店街組合の加盟率も低下していますが、アトム通貨の影響もあり商店街同士の交流が活発な点は明るい材料です。

企業市民に目を向けると、中小企業しか存在しないことから企業としてのＣＳＲ活動は活発ではなく、企業市民としての意識は総じて低く、地域活動への参加も消極的です。地場産業も元気がなく、組合などの横のつながりもまったくないに等しい状態です。

地域住民では少子高齢化が進み、小学校は一学年一クラスの状態が何年も続き、廃校となった中学校もあります。学生など独身者を対象とした賃貸住宅が増え、外国籍居住者や老人の独り暮らしも増えています。

過疎化や若者不足が深刻化する地域も多数ありますが、かたや学生街であるがゆえ、学生を相手にしたチェーン店の進出と独身者対象住宅の乱立などにより、いびつな住民構成を招いたのが戸塚地域の現状です。世代バランスが特異で、地域に対する目的意識の違いから、地域住民、通学学生、企業市民たちのこの地域に対する愛着は総じて薄く、郷土愛、郷土文化といったものが育ちにくい状況にあります。

これを打開するには、分かりやすく共感しやすい目標と、共有できる達成感、参加性、継続性があり、その先に郷土愛、郷土文化といったものが育つ事業を展開することが必要だと考えました。そこで、多くの人が感心をもてるように、「食」をキーワードにして、郷土文化（内藤とうがらし）の再興と地域食文化の創造というテーマを投げかけました。地域住民、企業市民、通学学生、地元飲食店を巻き込むことで、とうがらしが取り持つ、新たなコミュニティを形成すること、とくに地元企業の積極的参加によって、その先にある地域ブランドの創出を目指したのです。

（3）いざ、地域ブランド創造へ！

こうしてスタートした内藤とうがらしブランド化プロジェクトも、今年度で三年が経過しました。しかし、ここでは簡単な紹介にとどめますので、活動の詳細については、第三章をお読みいただければと思います。

表1－1をご覧ください。特筆すべき点は、企業との接点がもてたことです。一年目の栽培団体については、あえて今までアトム通貨との関わりが少なかった地元企業をパートナーとして選択し、「CSRの一環として取り組んでください」という口説き文句で、交渉先の九割から快諾を受けることができました。これまで、商店街、住民、NPO、自治体と一緒に活動してきましたが、これで企業をまちづくりの輪に加えることができたのです。一年ごとに倍々と増えてきた

表１－１　とうがらしの栽培団体数の推移

2012年度	栽培団体＝地元企業を中心に17団体	料理提供＝６店舗	参加事業＝農林水産省地域ブランド創造事業
2013年度	栽培団体＝地元企業を中心に51団体	料理提供＝10店舗	料理提供事業＝辛メシフェア
2014年度	栽培団体＝地元企業を中心に60団体	料理提供＝53店舗	料理提供事業＝辛メシフェア、内藤とうがらしラーメンフェア、バル辛フェスタ2014

参加団体が、とうとう三年目には一〇〇を超えました。

　実は、以前にも地域ブランドにトライしたことがあります。内藤とうがらしから遡ること三年、西早稲田の神田川周辺に栄えた染物技術を利用し、風呂敷や手ぬぐいなど日本的な商品のブランド化を試みました。試作品も数点つくり展示会などにも出展しましたが、地域を巻き込むことができず製品化にはいたりませんでした。今考えると、住民が参加する訳でもなく販売店舗も数店にかぎられているような状況では、地域に振り向かれなかったのは当然で、地域ブランドと呼ぶには程遠い、独り相撲でした。

　しかし、そのときにつけたブランド名「十万馬力」と、デザインしたロゴの商標登録はまだ残されています。内藤とうがらし再興プロジェクトから正式に商品が生まれたときには「十万馬力内藤とうがらし」というネーミングにする予定です。そのほかにも十万馬力を冠につけた、地域資源を活用した地域ブランド商品がたくさん誕生して、市場に出ていったとき、アトム通貨そのものが地域ブランドになるのです。

その地域に存在する自然、文化、歴史、観光、食、特産品、産業などの地域資源の「付加価値」を高め、ほかの地域との差別化を図ることにより、市場において情報発信力や競争力の面で優位性をもち、地域住民に自信と誇りをもたらす地域ブランドになるのです。まだ志半ばですが、いろいろな人と巡り合って、そこから刺激をもらい、さらに力を借りながら、ありがとうの言葉を交わし着実に進めています。こうしたパートナーシップが築けるからこそまちは楽しいのです。

地域ブランドの道は一年にしてあらず。険しい道のりですが、一年一年着実に進んでいます。今後もTHANKS MONEYアトム通貨のまちづくりにご注目ください。

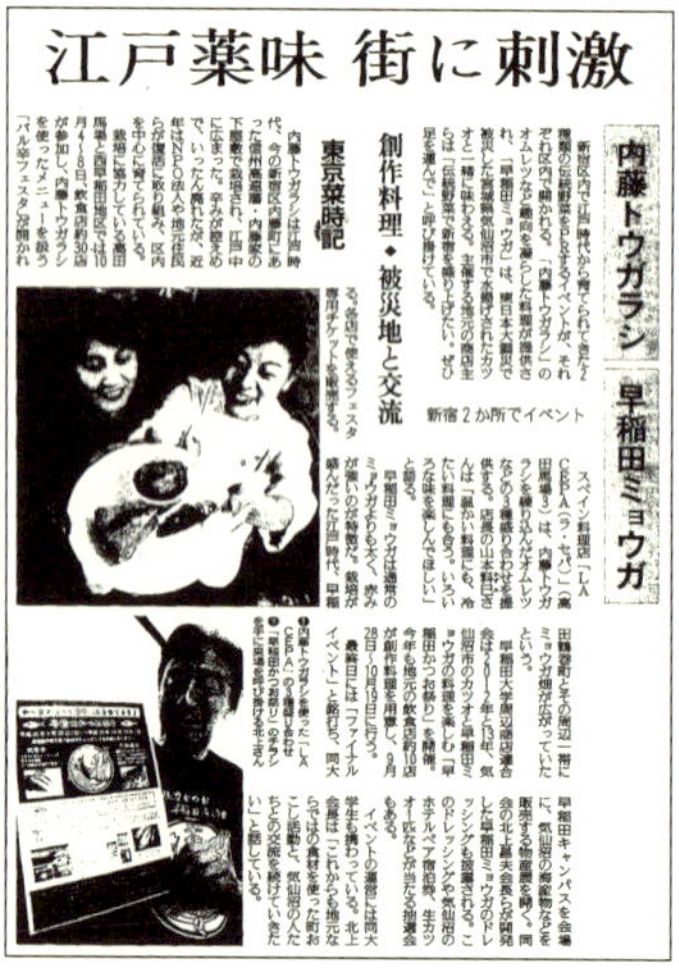

江戸薬味 街に刺激

内藤トウガラシ　早稲田ミョウガ

創作料理・被災地と交流

新宿2か所でイベント

新宿区内で江戸時代から育てられてきた2種類の伝統野菜をPRするイベントが、それぞれ区内で開かれる。「内藤トウガラシ」のオムレツなど趣向を凝らした料理が提供され、「早稲田ミョウガ」は、東日本大震災で被災した宮城県気仙沼市で水揚げされたカツオと一緒に味わえる。主催する地元の商店主らは「伝統野菜で新宿を盛り上げたい。ぜひ足を運んで」と呼び掛けている。

東京菜時記

内藤トウガラシは江戸時代、今の新宿区内藤町にあった信州高遠藩・内藤家の下屋敷で栽培され、江戸中に広まった。辛みが控えめで、いったん廃れたが、近年はNPO法人や地元住民らが復活に取り組み、区内を中心に育てられている。

栽培に協力している高田馬場と西早稲田地区では10月4～8日、飲食店約30店が参加し、内藤トウガラシを使ったメニューを扱う「バル辛フェスタ」が開かれる。各店で使えるフェスタ専用チケットを販売する。

スペイン料理店「LA CEPA（ラ・セパ）」（高田馬場3）は、内藤トウガラシを練り込んだオムレツなどの3種盛り合わせを提供する。店長の山本[illegible]さんは「温かい料理にも、冷たい料理にも合う。いろいろな味を楽しんでほしい」と話す。

早稲田ミョウガは通常のミョウガよりも大く、赤みが強いのが特徴だ。栽培が盛んだった江戸時代、早稲田鶴巻町とその周辺一帯にミョウガ畑が広がっていたという。

早稲田大学周辺商店連合会は2012年と13年、気仙沼市のカツオと早稲田ミョウガの料理を楽しむ「早稲田かつお祭り」を開催。今年も地元の飲食店約10店が創作料理を用意し、9月28日～10月19日に行う。

最終日には「ファイナルイベント」と銘打ち、同大早稲田キャンパスを会場に、気仙沼の海産物などを販売する物産展を開く。同会の北上昌夫会長らが開発した早稲田ミョウガのドレッシングも披露される。このドレッシングや気仙沼のホテルペア宿泊券、生カツオ1匹などが当たる抽選会もある。

イベントの運営には同大学生も携わっている。北上会長は「これからも地元ならではの食材を使った町おこし活動と、気仙沼の人たちとの交流を続けていきたい」と話している。

①内藤トウガラシを使った「LA CEPA」の3種盛り合わせ
②「早稲田かつお祭り」のチラシを手に来場を呼び掛ける北上さん

〈読売新聞〉2014年9月19日付

第2章

地域のカラーを活かしたコミュニティ・デザイン
――アトム通貨の全国展開

アトム通貨50馬力紙幣

1 早稲田・高田馬場支部

■アトム通貨導入日・二〇〇四年四月七日
■支部長　安井潤一郎（アトム通貨実行委員会会長、早稲田商店会相談役）
■実行委員会関係団体
早稲田大学周辺商店連合会（大隈通り商店会、早稲田古書店街連合会、早大通り商栄会、早大西門体育館通り商店会、南門通り商店会、ワセダグランド商店会、早稲田商店会）／高田馬場西商店街振興組合／高田馬場銀座商店街振興組合／高田馬場ＹＯＵ歩道／早稲田大学平山郁夫記念ボランティアセンター／特定非営利活動法人シャプラニール＝市民による海外協力の会／株式会社手塚プロダクション／新宿区戸塚特別出張所
後援：新宿区

（1）まちの紹介と加盟店数（主な活動区域は、新宿区の戸塚地区です）　佐藤守男（支部長代行）

早稲田・高田馬場地区と聞いて、多くの人が思い浮かべるのは早稲田大学でしょう。現在では、大学のほかにも予備校や日本語学校などが数多くあり、早稲田大学の学生とともに全国有数の学

生街を形成しています。そんな環境をふまえてか、近年、ラーメン店（麺屋宗、やまぐちなど）が多数出店しており、高田馬場はラーメン激戦区としてその名を全国に轟かせています。また、第1章でも触れていますが、高田馬場はアトムが生まれたまちでもあります。

　このエリアを管轄しているのが早稲田・高田馬場支部です。活動範囲は、西は神田川に架かる小滝橋から東は早稲田大学までです。春になると、神田川の両岸に満開の桜が咲き、とくに週末には多くの方々が花見にやって来られます。

　神田川と聞いて、かぐや姫が歌った同名の曲を思い出し、青春時代にタイムスリップする人も多いのではないでしょうか。この曲で歌われている銭湯のモデルは、早稲田大学の西門近くにあった「安兵衛湯」（現在はマンション）です。銭湯の名前の由来となったのが赤穂浪士の堀部安兵衛、高田馬場（現・新宿区西早稲田）で起きた叔父・菅野の決闘において助太刀をし、名を挙げたというお話は多くのドラマ・映画などで紹介されています。現在、西早稲田三丁目にある水稲荷神社の境内に、安兵衛の武功を記念した「堀

高田馬場駅西商店街と手塚キャラクターフラッグ

部武庸加功績跡碑」が立っています。

また、早稲田大学文学部（戸山キャンパス）の近くには「夏目坂」という坂があります。名主であった文豪夏目漱石の父親が、自宅のある所の坂をそう呼んでいたようで、いつしか地図にもその名が載るようになりました。ひょっとしたら、この坂が理由で文学部がこの地につくられたのかも知れません。

このように、休日散歩をしても飽きない早稲田・高田馬場支部には、二〇一四年現在、アトム通貨の加盟店として、飲食・物販・サービス業など約一八〇店舗があります。そして、その約三分の一にあたる六〇店舗ほどが、アトム通貨を使えるだけでなく、配布プロジェクトにも参加しています（第1章なども参照）。休日、散歩のついでに各加盟店をのぞいてみてください。

(2) 早稲田・高田馬場支部の活動状況　松田北斗（第二期事務局長　早稲田大学三年）

早稲田・高田馬場はアトム通貨発祥の地で、その事務局は、学生スタッフが中心になり運営しています。実行委員会には地元商店会、NPO団体、企業、自治体、大学、専門学校などが加わり、一体となって活動しています。今日も、鉄腕アトムに負けない一〇万馬力で、まちを東へ西へ！「イイコト」を推進し、早稲田・高田馬場のまちで「ありがとうの輪」をつなげることを目標に、学生らしくはつらつと活動に励んでいます。

加盟店が行うプロジェクトも活発ですが、イベントでの通貨配布にも積極的に取り組んでいます。まちで行われるさまざまなイベントに出展して通貨を配布するほか、事務局が中心となり実施しているイベントも数多くあります。ここでは、それらのイベントを各担当スタッフが紹介します。

①鉄腕アトム誕生記念　高田馬場クリーン大作戦　石渡勇登（事務局　中央大学三年）

クリーン大作戦は、アトムが高田馬場の科学省で生まれたことを記念して、高田馬場西商店街が実施している毎年恒例の清掃イベントです。地域の小学校や町内会、ボランティアサークルなど五〇〇人以上の人が集まった年もあり、地元以外の人でも気軽にアトム通貨を入手できます。参加された人にはアトム通貨100馬力が進呈されるほか、リサイクル品回収ブースを設け、ペットボトルキャップや不要になったハガキ・切手・本・CDの回収も行い、協力者には10馬力を進呈しています。

今年（二〇一四年）も、袋いっぱいのキャップを持った子どもたちが、たくさん来てくれました。一人ひとりに「ありがとう」と言って通貨を渡すと、子どもたちも「ありがとう」と返してくれました。

クリーン大作戦会場

②早稲田打ち水大作戦　佐々木洋（事務局　早稲田大学三年）

大学構内で行う打ち水イベントで、ヒートアイランド対策や節電などのエコ意識を学生たちと共有することを目的に、アトム通貨学生事務局が立ち上げました。

また、早大生にアトム通貨を知ってもらう絶好の機会で、通貨の配布にも力を入れています。今回は打ち水に参加した人にアトム通貨50馬力、うちわを持参した人にはさらに10馬力、ペットボトルキャップを持参した人に10馬力、お風呂の残り水などの二次利用水を持参した人に100馬力を、それぞれ進呈しました。

ほかのサークルの協力による華やかなパフォーマンスも人気で、今年も会場を盛り上げてくれました。今後も学生に対して気軽にエコ活動に参加してもらえるよう工夫を重ねていきます。

早稲田打ち水大作戦

③てらこや教室　吉田さとみ（事務局　早稲田大学二年）

てらこや教室は、早稲田大学の社会貢献系サークルや、地域で活動するNPO団体が集まり、それぞれの特徴を活かして地域の子どもたちに学びの場を提供する、江戸時代の寺子屋さながらの活動です。一年目は早稲田の宝泉寺で、二年目は高田馬場の新宿区立戸塚第三小学校で開催し、環境系・防災系・農業系・理工系・地域コミュニティ系などの学生団体と、国際協力ＮＧＯがそれぞれ授業を受けもちました。

アトム通貨をツールに、地域で活動するさまざまな団体がつながり、地域の人たちとの交流が活発になるよう、また、子どもたちの笑顔が見られるかぎり、これからも続けていきたいと思います。

てらこや教室2014

④早稲田地球感謝祭　高橋里帆（事務局　早稲田大学二年）

早稲田地球感謝祭は、早稲田大学周辺商店連合会が「早稲田の街の元気づくり・活性化」を目的に二〇〇〇年にスタートさせたまちのイベントで、環境、防災、地域コミュニティ、健康、芸術、文化、世代間交流、地域交流などを切り口にブースやステージパフォーマンスが七〇プログラムほど展開され、毎年約三万人の来場者が訪れます。アトム通貨実行委員会も、ステージやブース出展、教室を使用した展示やワークショップ、そして裏方の運営スタッフとしての手伝いなど毎年多岐にわたり参加しています。

それだけでなく、地球感謝祭では出展ブースすべてで、アトム通貨が使用できます。このような地域に根ざした活動を通じ、地域のみなさまとの関わりを深めながらアトム通貨による取り組みを広げていきたいです。

⑤辛メシフェア　矢田安奈（事務局　早稲田大学三年）

辛メシフェアでは、地元団体が栽培した内藤とうがらしを、アトム通貨の加盟飲食店でオリジナルメニューとしてお客様に提供しました。さらに、期間中は多くのアトム通貨加盟店で、フェアのポスターや内藤とうがらしを栽培してくれた地元企業・団体からのメッセージカードを掲示しました。この企画を通じて、地産地消を身近なものとして実感するとともに、食や伝統文化という新たな切り口から街の魅力を学ぶことができたと思います。

そして何より、改めて地域というコミュニティのはかり知れない可能性を痛感しました。今後も継続して内藤とうがらしを使用した企画に取り組み、その存在を地域に根付かせることで、より多くの人にこの取り組みに参加していただけるよう邁進していきます。

早稲田地球感謝祭 2014

2 川口支部　田辺孝男（支部長）

■アトム通貨導入日：二〇〇九年四月七日
■川口支部長　田辺孝男（西川口東口連合商店会企画部員）
■実行委員会関係団体
西川口東口連合商店会（西川口並木商店会、合格通り商店会、川口青五商店会、中通り商店会、観音通り商店会、並一商栄会）／川口本町共栄会／社団法人 川口青年会議所／川口商工会議所 青年部／特定非営利活動法人まちづくり川口／特定非営利活動法人フェアリースポーツクラブ／川口市地球高温化対策課

（1）まちの紹介と加盟店数（主な活動区域は、西川口駅の東口商店街です）

江戸時代より鋳物や植木といった産業で発展した川口市は、二〇一一年一〇月一一日に鳩ヶ谷市と合併したことで、二〇一四年現在、人口約五八万人の大都市となっています。立て直しが決まった国立競技場の聖火台が、川口の町工場で造られたものであるということをご存じでしょうか。当時は、まちの至る所に鋳物工場がありました。その様子は、映画『キューポラのある街』（日

活、一九六二年）でも紹介されました。

現在は町工場もほとんど姿を消し、その跡地には、マンションや大型ショッピングセンターが立ち並んでいます。市役所をはじめとした中心部はＪＲ川口駅周辺となりますが、ここで述べさせていただくのは、北へ一つ目の駅、ＪＲ西川口駅の東側に延びる商店街のことです。

このあたり、江戸・元禄年間には中山道蕨宿の助郷として指定されたこともあり、明治維新まで多くの農民が動員されて発展してきました。とくに、皇女和宮が江戸城に入るためにここを通過したときには、近在から多くの農民たちが動員されて皇女和宮の行列をサポートしたといわれています。

そんなＤＮＡが、このまちには脈絡と受け継がれています。二〇〇七年一一月、川口市内に住む大学生が発起人となり、川口トラック協会、ロータリークラブ、埼玉県警が協力して「西川口活性化クリーン作戦」が実施されました。駅を出られたら、すぐにまちの美しさに驚かれると思います。カラフルに彩る歩

川口支部の商店街に掲げられたペナント

道の敷石、そしてその幅の広さは、とても東京に隣接しているまちとは思えない景観となっております。こういう清掃活動をはじめとして、川口市は「日本一のボランティアのまち」を合い言葉に、市民活動が盛んなまちなのです。

この市民活動を背景として、現在、アトム通貨の加盟店数は七三店舗となっています。導入当初は一八店舗の加盟であったことをふまえれば、順調な伸び率を示していると自負しています。また、当初から参加している店舗の人たちはアトム通貨の利用価値をしっかりと認識していて、商店に来店されたお客様へその使い方を徹底して伝えることで、通貨の利用率が高くなっています。以下で紹介するイベントなどにあわせて訪れていただき、ぜひ、アトム通貨を入手・使用してください。

（２）川口支部の活動状況

川口支部は、アトム通貨全国初の支部として、二〇〇九年四月七日に誕生しました。当初は、川口市のオリジナル地域通貨の立ち上げを考えていました。そのときの準備委員会のメンバーが今でも事務局の中心メンバーとなって運営しています。

現在は、アトム通貨の四つの基本理念のほか、「もらって嬉しいアトム通貨」、「みんなが知っているアトム通貨」、「ＧＥＴ！アトム通貨」を支部独自のテーマとして、新規イベントや新規加盟店開発を行っています。

まちの紹介でも書いたように、川口市は市民によるボランティア活動が活発であり、他団体との協力で通貨を配布するケースも増えてきています。また、基本理念の一つでもある、「教育」をテーマとした活動やイベントも行っています。

①並木ふれあい祭り

並木ふれあい祭りは、西川口並木商店会が主催するイベントで、川口支部は設立した年から継続して参加しています。商店会の協力による宣伝効果が大きく、毎年多くの人が訪れ、小学生たちは新しいデザインのアトム通貨の入手を楽しみにしているようです。「クリーン作戦」でアトム通貨50馬力を進呈するほか、身近にできるエコ活動を宣言する「エコ宣言」では、10馬力を進呈しています。このイベントでは以前参加してくれた子どもたちと再会することもあり、私たち支部メンバーの楽しみになっています。

並木ふれあい祭りのセレモーの様子

②西川口活性化クリーン作戦

特定非営利法人活動まちづくり川口が、毎月第一日曜日の早朝に行っているのが、西川口活性化クリーン作戦です。この活動に地元商店会が支援を申し入れ、まちづくり川口側の希望により、参加者へアトム通貨を配布することになりました。この活動のような、毎月決まった日時に通貨が入手できるイベントが開催されることにより、アトム通貨をゲットすることがより身近になりました。

③川口ストリート・ジャズ・フェスティバル

川口商工会議所青年部が主催する「川口ストリート・ジャズ・フェスティバル」は、音楽でまちを盛り上げ地域の活性化につなげるとともに、夢をもつ若者を応援する人的観光資源の発掘を目的としています。また企画の段階から川口支部が関わった最初の大型イベントで、それまでの活動地域から、市の中心部へ進出するきっかけになりました。

空き缶リサイクルに参加する子どもたち

清掃イベントでゴミを分別する参加者

このイベントにおける支部の目標は、「ゴミを出さないクリーンなイベントの実施」でした。さまざまな意見が出るなか、来場者自らがゴミの分別処理をするイベントとなりました。このこと自体はさほど珍しくなく、シンプルゆえに来場者に伝わりやすく、会場内は常にゴミが落ちていない状況でした。また、この分別処理に協力してくれた人にはアトム通貨100馬力が進呈され、会場内すべての飲食ブースで使えるとあって、次の購買にもつなげられ、イベントのお手本事例の一つになっています。

④商店街出前授業とまち探検

このイベントは、商店街に馴染みの少ない子どもたちが、まちのなかで商店街がどのような役割を担っているのかを、授業とまち探検を通じて学習し、その後も商店街に足を運んでもらうことを目的に、商店街企画部が川口市立並木小学校の二年生を対象に、毎年一回行っています。

そのなかで、「商店街がまちの人たちと行っているいいこと！」としてアトム通貨の取り組みについて話をしています。この出前授業は、小学校のカリキュラムにとってもプラスになることから毎年恒例となり、並木小学校では二年生以上の児童がすべてこの授業を受けることを考えると、すでに五〇〇名以上がアトム通貨のことを知っていることになります。

そして、授業の質問コーナーではキャラクターの魅力からか、アトム通貨に関した質問が多く、その後に行われるまち探検でも、アトム通貨がもらえる加盟店が人気です。またアトム通貨をゲットしたくてマイバックを持って加盟店を訪れる子どももいます。

⑤マネー教室「親子で学ぶ、はじめての金銭教育」

この教室では、「学校では教えてくれない大切なこと」をコンセプトにしながら、家族間のコミュニケーションの大切さを知ることや児童に対してお金の教育をするための企画として、二〇一三年に支部主催で開催しました。内容は子どもたちに、「お金の使い方と、その判断基準」をゲーム形式で楽しく学んでもらうよう工夫されています。[1]講師には、子どもの金銭教育に関して草分け的な存在である、特定非営利活動法人マネースプラウトに埼玉県を通じて依頼し、協力してもらいました。通常のボランティア活動とは違うワークショップ型の場を提供することで、新たな支部の存在価値を見いだせたと思います。

アトム通貨のインタビューをする子どもたち

（1） 千葉県船橋市にある、大人と子どもの金銭教育を行っている特定非営利活動法人。連絡先：〒274-0822 千葉県船橋市飯山満町３-１５２０番地６ ライオンズガーデン薬園台205号 E-MAIL：moneysprout@infoseek.jp

3 札幌支部　大下敬（事務局広報担当）

■アトム通貨導入日：二〇〇九年八月三〇日
■札幌支部長　土屋日出男（発寒北商店街振興組合理事長・札幌市商店街振興組合連合会副理事長　北海道商店街振興組合連合会副理事長）
■実行委員会関係団体
発寒北商店街、ＮＰＯ法人まちづくりハツキタ

（1）まちの紹介と加盟店数（主な活動区域は、ＪＲ発寒中央駅から北に延びる、ぎんなん通り周辺です）

ＪＲ札幌駅から、函館本線で三つ目の駅、ＪＲ発寒《はっさむ》中央駅から北に延びる商店街が私たちの活動エリアです。「発寒」という地名の由来は、この地にムクドリが群生していたことによります。アイヌ語でムクドリのことを「ハチャム」というのですが、それがなまって発寒になったわけです。このあたりは、本州に住んでいた武士が居住し、警備と開墾に従事するという形で開拓され

ました。彼らは、農作物を栽培しながら発寒の開拓にあたったのです。

　発寒北連合町内会四〇周年記念誌には、次のような記述があります。

「発寒北商店街振興組合が中心となって歩道をカラー舗装し、従来のナトリウム街灯をしゃれたデザインの水銀灯に切り替え、並木もナナカマドに代わって銀杏が植えられた。そして平成六年、発寒北商店街振興組合が装いを一新したこの通りの愛称を募集し、並木の銀杏に因んだ『ぎんなん通り』が採用され、平成八年にはプレートに刻んで街灯に取り付けた」

　このような活動、そしてアトム通貨導入をきっかけに、二〇一〇年二月三日、「第三回いってみたい商店街&お店大賞」を北海道道庁からいただいたほか、二〇一四年度には、経済産業省「地域でがんばる商店街」北海道経済産業局長賞を受賞しております。

　二〇一四年現在、加盟店は二二店ですが、大型店舗にないサービスやエコ活動を通して地元のみなさまが安全で安心して暮らせるまちづくりを目指すとともに、「札幌で一番住みやすい街へ」を合言葉にして、ハツキタ商店街では、地域コミュニティの担い手となるべく以下に紹介するような活動を繰り広げています。

ハツキタフェスティバルに訪れたたくさんの人たち

（2）札幌支部の活動状況

アトム通貨を北海道内で初めて導入したのが、発寒《はっさむ》北商店街です。エコ活動中心の活性化を推進していること、および未来の子どもたちのための住みよいまちづくりというビジョンとミッションが共通していたことから、二〇〇九年のアトム通貨の流通エリア拡大に伴い、発寒北商店街に札幌支部が置かれることとなりました。

現在、アトム通貨は発寒北商店街の活性化事業の軸となっています。各種イベントや各店舗における廃食油回収プロジェクトなど、活性化事業のほとんどがアトム通貨とからめて行われています。今後もさらなる流通の活発化を図り、「ありがとう」の気持ちを伝える媒体、いわゆる〝THANKS MONEY〟の役割を担い、地域コミュニティ再生ツールの核としての活躍が期待されています。

①エコからはじまった商店街のプロジェクト

発寒北商店街の活性化はエコ活動からはじまりました。地域住民に受け入れられやすいであろうという思惑からで、なかでも発寒北商店街振興組合が活性化活動を積極的に展開していくきっかけとなったのが、二〇〇八年から実施した廃食油回収でした。

札幌市西区で行われた「地球に優しい西区民会議」において、西区全体で廃食油回収が実施されることになり、商店街の活動として廃食油回収を実施してほしいと要請されたことがきっかけでした。回収方法は、商店街内の五つの店舗に回収棚を設置して廃食油を持ち寄ってもらい、ペットボトル一本ごとに専用のカードにスタンプを一つ押すというシステムです。

開始当初は、スタンプが五個たまるとマイ箸、一〇個たまるとエコバッグをプレゼントしていました。しかし、マイ箸は一膳一五〇円、エコバッグは一つ三〇〇円とコストが高く、また、予想以上の回収量であったことから、組合費でまかなうのが大変でしたが、アトム通貨導入以後は、スタンプ五個で10馬力のアトム通貨を進呈しています。

二〇〇八年一二月の実施開始の際に発寒北商店街振興組合では、印刷の端材を再利用し、裏に廃食油回収の広告を載せたメモ用紙を製造し、地元小中学校の児童や生徒に配布しました。これにより、保護者たちへの廃食油活動の周知に成功したことも一因となり、二〇〇九年二月までの三か月で二〇〇リットルを回収し、この期間における西区全体（西区で廃油回収を実施している団体はほかに六団体ほどあります）の総回収量の六割以上を占めました。この実績に対して、発寒北商店街振興組合の土屋理事長は、「成功の実感が自信となり、その他の活動の原動力になっている」と語っています。

それ以後、発寒北商店街ではさまざまなエコ活動を展開しています。廃食油回収を継続しているほか、「はっさむハツキタの日」では多種多様なエコイベントを開催しました。回収した廃食油を利用したキャンドルづくりやフリーマーケット、包丁・ハサミなどの刃物研ぎの実演といった、身近にできるエコやリサイクルをテーマにしたイベントに沢山の人が参加しました。

こうしたエコイベントは、アトム通貨の普及の場としての役割も担っており、参加者へのアトム通貨の配布や、アトム通貨が利用可能な企画販売などを実施し、積極的な流通を図っています。そのほかにも、商店街を子どもたちに回ってもらう「ハッピー・ハロウィン」では、参加者八〇〇人の子どもたちが同伴の大人たちと一緒に街を賑わせます。そして、この参加者にもアトム通貨は配られます。

札幌支部のイベントポスター

4 新座支部

金子和男（支部長）

■アトム通貨導入日：二〇一〇年八月一日
■支部長　金子和男（新座市商工会副会長、有限会社昭和自動車整備工場代表取締役社長）
■実行委員会関係団体
新座市／社会福祉法人新座市社会福祉協議会／新座市商店会連合会（東野商店会、新輪商店会、西武中央商店会、野火止商店会、すきっぷたうん商店会、栗原商店会、庚申通り商店会、四条名店会、栄五丁目商店会、新座団地名店会、新座団地前商店会、西堀銀座商店会、野火止グリーンランド商店会、栄四丁目商店会、ふるさと新座商店会、ひばり銀座商店会）／株式会社手塚プロダクション

（1）まちの紹介と加盟店数（市の全域で活動しています）

新座支部の活動エリアは埼玉県新座市内の全域です。埼玉県の最南端に位置する新座市は、東京都に隣接しているためベッドタウンとして急速に発展しました。二〇一四年現在、人口は一六万二九五〇人となっています。

人口増加に伴って、住宅開発が進み、大型量販店や各種チェーン店などの出店も激しくなりました。しかし、一方では境内林が国指定天然記念物の平林寺があり、江戸時代に開削《かいさく》された野火止用水などの史跡が残る、歴史情緒豊かなまちでもあります。

この野火止用水を造ったのが、時代劇などで有名な「知恵伊豆」こと松平信綱です。南に流れる玉川上水を分流し、新河岸川に至る用水路を完成させました。そのため、信綱が眠る平林寺や野火止用水の周辺には、武蔵野の面影を残す雑木林が数多く残されています。そして、そのすぐ横では、県内でも有数の出荷量を誇るニンジンやホウレンソウなどが栽培されているほか、市内を流れる黒目川や柳瀬川沿いの斜面林によって自然豊かなまちともなっています。

鉄道は、中央部にＪＲ武蔵野線、東北部に東武東上線、南西部には西武池袋線が走り、ＪＲ武蔵野線新座駅では発車メロディーに鉄腕アトムの主題歌が使用されています。これは、市内に手塚プロダクションのアニメスタジオがあり、鉄腕アトムが市の特別住民として登録されたことによります。市内にある三つの大学の学生たちをはじめとして、毎日、多くの人々がこの主題歌を聴きながら通勤・通学をしているわけです。

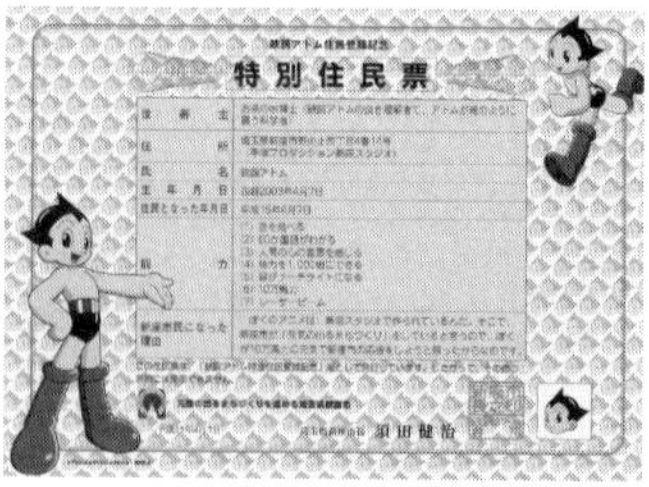

アトムに発行された新座市特別住民票

こんな環境のもと、現在、アトム通貨の加盟店は一八八店舗に上ります。新座市商工会会員が加盟店の対象となっており、配布イベント（詳細は後述）のほか、ペットボトルキャップの回収、低排出ガス車での来店、省エネ商品購入、エコリフォーム工事発注、エアコンクリーニング、マイバッグおよびマイ箸持参、ラジオ体操への参加、子どもがお使いで来店するなど、多岐にわたった活動を続けています。以下では、一部ですが、その様子を紹介させていただきます。

（２）新座支部の活動状況

アトム通貨実行委員会新座支部は、新座市商工会創立五〇周年ならびに新座市制施行四〇周年を記念し、二〇一〇（平成二二年）年に設立しました。

設立から四年が経過し、加盟店舗数も徐々に増えています。事務局では、加盟店増加に全力で取り組む一方、年間を通じてさまざまなイベントを開催することで、市内でのアトム通貨の認知度を上げることに努めています。また、平成二五年度から新座市地域支え合い事業に伴い、500馬力の発行をはじめました。

①〝すぐそこ新座〟春まつり

鉄腕アトムの誕生日である二〇〇三年四月七日に、アトムを新座市の特別住民に登録して以来、市と共同で記念事業を実施しています。

「〝すぐそこ新座〟春まつり」の会場（新座市総合運動公園）では、鉄腕アトムスタンプラリーを開催し、先着一〇〇〇名にスタンプラリー用紙を配り、参加者にアトム通貨100馬力とアトムグッズをプレゼントしています。また、それ以外のイベントでも、子ども写生教室、小学生フォトコンテストなどで参加者に100馬力を渡しています。

②新座市打ち水大作戦

新座市打ち水大作戦はアトム通貨を導入した二〇一〇（平成二二）年の第一弾として開催したイベントです。二〇一四年で五年目を迎えますが、年々参加者が増加しています。

新座駅南口公園で行い、「もったいない運動」の一環として、市内全域に打ち水を呼び掛けています。毎年八月の炎天下での開催ですが、参加者たちも持参した風呂の残り湯や、市が溜めた雨水をまきながら終始笑顔にあふれ、このイベン

新座市打ち水大作戦

トを楽しんでいる様子が感じられます。当日は、新座市長をはじめ、鉄腕アトムも参加し、一緒に打ち水を行います。アトムが登場すると、子どもたちが大声で走り寄る光景が印象的でした。イベント終了後には、参加者に100馬力を配布しています。

③新座市民まつり産業フェスティバル

毎年一〇月に実施される新座市民まつり産業フェスティバルでは、会場内でゴミ拾いタイムを設け、制限時間内に拾ったゴミをゴミステーションに持ってきた人に100馬力を進呈しています。昨年は約四〇〇名という大勢の人たちが協力してくれました。会場内の出店ブースは、特別加盟店として登録しており、もらったアトム通貨はその場で使える仕組みになっています。

ゴミの分別をとおして環境問題を少しでも考えるきっかけになればと、考えています。

④〝すぐそこ新座〟発見ウォーキング

毎年一一月に開催しているスタンプウォークで、東武東上線志木駅とJR武蔵野線新座駅の二つのスタート地点が選択できます。

新座市民まつり産業フェスティバルでのゴミの分別

ゴールはどちらも新座市役所です。

参加者は二〇〇円支払って、鉄腕アトムのスタンプ台紙・ウォーキングマップ・ゴミ袋・手袋を受け取り、ウォーキングコースのゴミ拾い活動に協力しながらゴールを目指します。参加者へのお礼として10、50、100馬力の計一六〇馬力のアトム通貨を差し上げます。

スタンプラリーを楽しみつつ、ゴミ拾いを行う仕組みが、老若男女を問わず大好評で、参加者からは、「来年も参加したい！」というとてもありがたい言葉を掛けてもらいました。

“すぐそこ新座”発見ウォーキングの案内ポスター

⑤新座市地域支え合い事業

新座市地域支え合い事業（有償ボランティア制度）は、二〇一三（平成二五）年七月一日から新座市商工会と市社会福祉協議会（以下、社協）とで協定を結び、はじめた事業です。

本事業は、六五歳以上で独り暮らしの人や障害を抱える人など、日常生活において支援を希望する人が社協に会員登録し、一時間四〇〇円の利用券を購入し、支援を依頼します。

社協は依頼内容を登録しているボランティアに伝え、支援を行います。支援終了後、利用者はボランティアへ利用時間分の利用券を渡し、受け取ったボランティアが社協へ利用券を提出すると、一時間ごとに600馬力と交換し、加盟店で使用するという流れとなります。

社協によると本事業は、有償ボランティアで、しかも登録制のため、信頼感があり依頼しやすいという声が利用者からあがっているそうです。また、事業化したことにより、個人宅に入られたり、プライバシーを公表することに抵抗を感じ、支援依頼をためらっていた人たちからの申し込みが増えました。

利用券をアトム通貨と交換する

5 和光支部

冨岡健治（支部長）

■アトム通貨導入日：二〇一一年四月七日
■支部長　冨岡　健治（和光市商工会副会長）
■実行委員会関係団体　和光市商工会／後援　和光市・和光市教育委員会

（1）まちの紹介と加盟店数（市の全域で活動しています）

埼玉県の南東部にある和光市は、東京都に隣接し人口は約八万人。東武東上線や東京メトロ有楽町線、副都心線が走り、東京外環自動車道と川越街道が交差する利便性の高い地域です。急行で池袋駅まで一〇分強と都心へのアクセスもよく、緑や農地、湧水にも恵まれ、住環境として最適で、他地域からの流入者も多く、人口増加率は全国でも高い位置にいます。

「本田技研工業」「本田技術研究所」「理化学研究所」「税務大学校」「司法研修所」「国立保健医療科学院」など国や民間の研究・研修施設が多いのも一つの特徴でしょう。

和光市商工会が主催し、毎年一月の最終週に開催される「ニッポン全国鍋グランプリ」は、日本最大級の鍋料理コンテストで、数万人の来場者を集める大規模なイベントです。全国のさまざまな鍋やまちおこしに興味をもっている人たちにはぜひ参加していただきたいイベントです。

次に加盟店数について述べておきます。二〇一四年現在、飲食・物販・サービス業を中心に約九〇店舗が加盟し、そのうち約半数にあたる四四店舗が配布プロジェクトに参加しています。特徴としては飲食店や商店のような加盟店だけではなく、動物病院や葬儀社、建設業者など、さまざまな業態の店舗に協力していただき、それぞれが一風変わった配布プロジェクトを行なっています。そのほかにも、支部の母体である商工会がおこなう事業と連動して、地域コミュニティを活発にする運動を中心に活動しています。

（2）和光支部の活動状況

飲食店ではマイ箸を持参や残さず食べた児童に、小売店ではマイバック利用や、省エネエコ商品の購入者などに配布しています。ある酒屋さんでは、宮城県や岩手県など東日本大震災の被災地でつくられた地酒の購入者や、大きな商品を配達せず持ち帰ったお客様に配っています。

そのほかにも、ベビー用品のレンタル店では、レンタル商品の返却

ニッポン全国鍋グランプリの会場

時に、建設会社ではエコリフォームの相談者に、葬儀社では「終活」の相談者に、そして動物病院では動物の識別用マイクロチップをペットに埋め込んだ人にと、さまざまかたちで配布を行っています。

加盟店ごとに「ありがとう」のかたちがあり、バラエティにとんだ配布方法になっています。

以下、主だった取り組みをご紹介します。

①和光ゆめあいサービス

和光支部では、和光市社会福祉協議会（以下、社協）に協力してもらい、社協が行っている、「和光ゆめあいサービス」事業の「協力会員」にアトム通貨を配布しています。

「和光ゆめあいサービス」は、地域住民の相互扶助をもとにした事業で、介護保険などの公的サービスを活用できない日常生活上の困りごとを、住民同士の支えあいで解決していこうとするものです。サービスを「利用する人」も「提供する

ニッポン全国鍋グランプリの出展者ブース

人」も同じ地域住民ということで、支えあい・助けあう気持ちを重視し、つながりを深めて行くことを目的としています。

利用時の流れは、高齢者や障害者、小さな子どものいるお母さんなどが、「利用会員」となり一時間八〇〇円の利用チケットを社協で購入したのち、買い物の代行や通院の付き添い、部屋のそうじの手伝いなど必要があるときに社協へ依頼します。依頼を受けた社協は、あらかじめ登録している「協力会員」に連絡し、「利用会員」が必要としている日時に必要としているサービスを行える会員を手配します。「利用会員」は、サービスを行ってくれた「協力会員」に対し、購入したチケットを渡します。チケットをもらった「協力会員」は、社協からチケット一枚につき謝礼としてアトム通貨500馬力を一枚もらい、加盟店で利用することになります。

年間二〇〇〇時間を大きく超える、「ゆめあいサービス」の利用があるということで、たくさんの「協力会員」の人たちに加盟店で買物をしてもらっています。この事業では、「利用会員」がお手伝をしてもらったことに対しての「ありがとう」だけではなく、「協力会員」からも、この活動に協力することが生きがいになっていることや、この活動でたくさんのボランティア活動を行なっている仲間と出会うことができたという「ありがとう」の声があがっています。

また、加盟店からのたくさんの買物に対する「ありがとう」を含め、事業全体が「ありがとう」の輪をつなぐことのできる素晴らしい活動です。

②オープニングイベント

毎年、流通開始日の四月七日に、和光市駅前広場でオープニングイベントを実施しています。

イベントでは、ペットボトルキャップやアルミ缶を持参してくれた人たちに、数に応じたアトム通貨を配布しているので、新しいアトム通貨を楽しみに、お子さんからお年寄りまで多くの人が参加されます。持参してもらったペットボトルキャップは、和光ライオンズクラブを通じて、ポリオワクチンへの寄付活動に活かされています。一人でも多くの子どもたちを小児まひから守れるよう、今後もたくさんの人たちに協力をしてもらいたいと、願っております。

③打ち水イベント

打ち水イベントは、お風呂の残り湯などの二次利用水や雨水、和光の湧水などを容器に入れて持ってきてもらい、打ち水を行うというもので、毎年八月に行なっています。

和光支部オープニングイベント

参加してくれた人には、水一リットルにつき50馬力（一人100馬力を上限）を配布しています。毎年多くの人に参加してもらっているので、和光の暑い夏がちょっとだけ冷やされています。また、打ち水イベントのときにも、オープニングイベント同様、ペットボトルキャップを持ってきてくれた人にアトム通貨を配布しています。

④一斉清掃イベント

和光支部の母体である和光市商工会では、県下一斉清掃という事業を行っています。毎年一〇〇名以上の商工会会員が参加し、和光市駅を中心に清掃を行います。二〇一三年までは、商工会会員だけで行っていましたが、二〇一四年からは一般の人たちの参加も募り、より多くの人に和光をきれいにしてもらおうというイベントです。

清掃活動に参加してくれた人には、以前は協力へのお礼としてお茶を配っていたのですが、アトム通貨のイベントを同

和光支部の打ち水イベント

時に行うようになってからは、地球環境にやさしい社会づくりを手伝ってもらったお礼として、アトム通貨100馬力を配布しています。

⑤市民まつりイベントほか

市民まつり内で「産業フェア」を開催し、商工会会員企業や各部会が趣向を凝らした模擬店で、お子さんからお年寄りまでさまざまな年代の人たちに楽しんでいただいております。ペットボトルキャップやアルミ缶を持ってきてくれた人に、アトム通貨を配布するほか、エコライフアンケートに答えてもらうと10馬力、アトムのぬり絵をしてくれた子どもたちにも10馬力を配布するなど毎年内容を変え、今後もアトム通貨の理念に沿った、新しいイベントを行なっていこうと考えています。

このほかにも、防災訓練、献血の参加者、市民まつりポスターの優秀作品者、鍋グランプリの公式キャラクター「にこむっち」のネーミング採用者などにも配布しています。今後は、鍋グランプリのボランティアや、商工会事業への協力者に配るなど、「地域」を中心に幅広い人たちにアトム通貨を知ってもらい、使ってもらえるよう活動していきたいと思っています。

6 八重山支部

平田睦（事務局長）

■導入年月日：二〇一一年八月六日
■支部長　我喜屋　隆（石垣市商工会会長）
■実行委員会関係団体
石垣市商工会
やいま大通り会、石垣市中央商店街振興組合、石垣島まつり実行委員会、石垣島マラソン大会実行委員会、
石垣島トライアスロン大会実行委員会、沖縄県建設業協会八重山支部、石垣市

（1）まちの紹介と加盟店数（主な活動区域は、石垣島です）

石垣市は日本列島の最西南端にあって、一二の有人島からなる八重山諸島の拠点都市です。沖縄本島の南西約四〇〇キロメートルに位置していますが、台湾とは約二七〇キロしか離れておらず、亜熱帯気候への日本の南玄関という位置づけとなっています。

二〇一四年現在、人口は約四万八〇〇〇人と少ないですが、二〇一三年三月に新石垣空港（愛

称「南《ぱい》ぬ島石垣空港」）が開港したこともあり、一〇〇万人を超える観光客が訪れる観光地ともなりました。

観光客のみなさんがまず驚かれるのは、県内唯一の国指定名勝に指定されている川平《かびら》湾を望む風景かもしれません。木漏れ日が涼しげな小道を抜ければ、美しいブルーを幾重にも重ねた川平湾が一望できます。黒真珠の養殖場としても有名なこの湾は、いくつもの小島に囲まれており、「沖縄の松島」といった景観を生み出しています。波は穏やかなのですが、潮流は激しいため泳ぐことはできません。

ご存じのように、島は美しいサンゴ礁とエメラルドグリーンの海に囲まれていますので、島内にはさまざまな観光スポットがあります。カップルにおすすめなのが、バンナ公園の展望台から見る夕陽です。しばらく夕陽を楽しんで、夜になると市街地がエメラルドのごとく輝きます。空気が澄んでいるためでしょう、その夜景の素晴らしさは筆舌に尽くしがたいものです。

さて、その市街地ですが、新石垣空港から車で約二五分ほどで着きます。市街地といっても、ホテルとかマンションを除けば高い建物がないので、空が本当に広いです。また、ソテツなどでセパレー

川平湾

トされている歩道も広く、ぶらぶらと買い物が楽しめる空間となっています。

現在、八重山支部におけるアトム通貨の加盟店は一〇七店舗ありますが、約三割に当たる三一店舗が島の中心街にある「やいま大通り会」の会員です。ちなみに、全加盟店を業種別に見ると、小売業が四七店舗、飲食業が四〇店舗となり、二業種で全体の九割を占めています。

以下で紹介させていただくのは、自然に囲まれた島らしく、自然を満喫するイベントでの活動内容です。島民だけでなく、全国から訪れる方々にも、八重山支部はアトム通貨の普及に努めています。

（２）八重山支部の活動状況

二〇一三年度の発行額は四四一万馬力で、主にスポーツイベントで発行されています。スポーツイベントには島外から多くの人が訪れ、その参加者やイベントボランティアスタッフへ、ありがとうの気持ちとしてアトム通貨を配布しています。とくに二〇一三年一月に開催した、「石垣島マラソン大会」では、島外から参加するランナーが排出する二酸化炭素の一部をオフセットする、カーボン・オフセット（五七ページの注（２）参照）にも挑戦しました。

島内外の人たちへアトム通貨が手渡されることで、年々認知度も高くなってきており、加盟店ごとの特徴を出したサービスも充実してきています。

①取り組みまでの経緯

八重山支部は、石垣市商工会が二〇〇七年度より実施している地域活性化事業、「いしがきブランディングプロジェクト」の一環として、二〇一一年よりアトム通貨を導入しました。

二〇〇七年度に立ち上げた、「いしがきブランディングプロジェクト」では、「地域内経済循環」と「持続的な観光産業」の仕組みづくりで、「島が豊かになる」をテーマに掲げ、島内で経済が循環する仕組みづくりを推進していました。その取り組みのなかから国内初となる、「石垣島カーボンマイナスツアー・ハッピーエイト」が商品化されました。

このツアーでは、旅行中に出る二酸化炭素を排出権を用いてオフセットし、さらに福木《ふくぎ》(2)を植えることでカーボンマイナスを可能にします。さらに、ツアー中に島の商店街で使用できるエコポイント（五〇〇〇円分）を発行し商店街活性化の仕掛けづくりをしました。しかし、この取り組みは、旅行商品の割引券と同様の仕組みだったためインパクトがなく、使用できる店舗もかぎられていたので、思うような成果は出せませんでした。この反省を活かして、オリジナル地域通貨や商品券など、さまざまな仕組みを模索しているなかで出会ったのが、「アトム通貨」でした。

そこで、二〇〇九年一二月に、早稲田商店会を訪れ「アトム通貨」の意義や取り組み状況を視察しました。二〇一〇年には安井潤一郎氏（巻末執筆者紹介参照）や木下斉氏(3)を石垣島に招いて、「地域通貨を通した地域ブランドづくりのすすめ」と題したフォーラムを開催して、地域内における地域通貨の必要性を再認識しました。そして、視察から二年あまりたった二〇一一年度、石垣市や地域内の関係団体と連携体制を整えながら、「南の島の星まつり二〇一一」の開催に合わせて「アトム通貨」をスタートさせ、イベント初日の来場者約一〇〇〇名に配布しました。このときの加盟店は、市街地にある「やいま大通り会」の会員三八店舗でした。

②石垣島マラソン大会

石垣島マラソン大会は、島内外からの参加者が四〇〇〇名を超える大会です。とくに女性ランナーに人気の大会として認識されていて、参加者が年々増加しています。

大会に参加するランナーへアトム通貨800馬力を配布して、大会終了後の交流パーティーや、翌日からの観光や買い物で使ってもらいます。また、大会のボランティアスタッフへも「ありがとう」の気持ちでアトム通貨500馬力を配っています。

アトム通貨の配布は、参加ランナーや大会のボランティアには好評で、とくに毎年参加する人

(2)　台湾からフィリピンが原産のオトギリソウ科フクギ属の常緑高木。沖縄では昔からある防風防火として家の生垣に使用され、近年では街路樹としてよく植栽されている。

(3)　一九八二年、東京生まれ。一般社団法人エリア・イノベーション・アライアンス代表理事、内閣官房地域活性化伝道師などを務める。

からは、券面デザインを楽しみにしているという声も聞こえてきますし、大会当日以降も利用できることが大きいメリットとなっています。

発行額も八重山支部のイベントのなかでは一番多く、二〇一四年の大会では、発行総額二六一万馬力となりました。前年対比でも二割増で、とくに二〇一三年から500馬力券が発行されたことが、利用者や加盟店から好評でした。

さらに今大会は、環境省の「二〇一三年度地方発カーボン・オフセット認証取得支援事業」の採択を受け、島外からのマラソン大会出場選手の移動で排出される二酸化炭素の一部をオフセットするなど、アトム通貨を通じて環境への取り組みを深めることができました。

③石垣島トライアスロン大会

毎年四月にＩＴＵワールドカップ(4)と、一般参加のトライアスロン大会を同時開催する、国内では人気の高い大会の一つ

石垣島トライアスロン大会でアトム通貨が使えるブース

です。前述の石垣島マラソン大会と同じく、参加アスリートとボランティアスタッフへアトム通貨を配布しています。大会終了後の交流パーティーでの活用が主ですが、外国人の参加者が多いことが特徴の大会なので、外国人にもアトム通貨を活用してもらっています。二〇一三年の大会では、八九万馬力の発行額でした。

④石垣島まつり

石垣島まつりは、石垣市内最大のイベントで、市民大パレードのコンテスト上位入賞チームへ、「ありがとう」の気持ちでアトム通貨をプレゼントしています。パレードが行われる場所は加盟店が多い、やいま大通りということもあり、大変盛り上がるイベントです。

(4)　国際トライアスロン連合を略してＩＴＵと言う。そのＩＴＵが主催するトライアスロンワールドカップ大会の一つが石垣島大会。

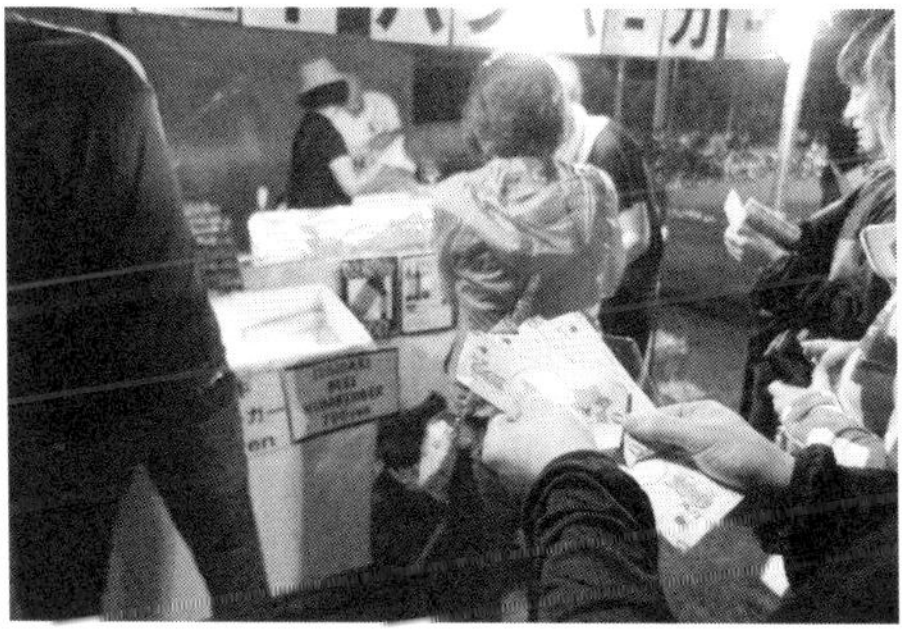

石垣島トライアスロン大会参加者に通貨を進呈

7 春日井支部

水野隆（支部長代行）

■アトム通貨導入日：二〇一一年九月一七日
■支部長　加藤　敬（春日井市商店街連合会会長）
■実行委員会関係団体
春日井市商店街連合会（味美商店街振興組合・勝川駅前通商店街振興組合・勝川駅東商店街振興組合・いちょう並木通り発展会・イオン同友店会・19号発展会・鳥居松商店街振興組合・鳥居松本通り商店街振興組合・鳥居松広小路商店街振興組合・春日井駅前商店会・篠木発展会・東野商店街振興組合・繁田発展会・高蔵寺商店街振興組合）春日井市特産品認定協議会、NPOけやきフォーラム他

協力：春日井市、春日井商工会議所

（1）まちの紹介と加盟店数（市の全域で活動しています）

春日井市は、名古屋市北東部の濃尾平野と尾張丘陵地に位置しています。JR中央本線や名鉄小牧線などの鉄道網や市の中央部を走る国道一九号線、さらに東名高速、中央高速、名古屋第二環状道路などの高速道路網、そして市の西部には県営名古屋空港があり、交通の結節点として繁

栄してきました。

市庁舎や商工会議所のある鳥居松地区は古くからの商店街が広がる一方、市街地再開発事業などの都市基盤整備事業が実施された勝川地区や、東部には高蔵寺ニュータウンをはじめとする大規模開発が実施され、現在では人口三一万人を擁する中核都市となっています。

平安時代に活躍した書聖小野道風⑸生誕伝承の地と言われ、小野朝臣遺跡碑の建つ松河戸町には、全国的にも数少ない書専門の美術館、春日井市道風記念館があり、書道史の研究施設として、書道文化の一層の向上発展に貢献することを目的とした事業が展開されています。

また、全国シェアの八割を占めるサボテンの実生栽培が盛んで、サボテンを使用した加工食品や飲食メニュー、美容用品などが開発され、さらにキャラクターグッズなどが販売されています。また近年では、全国高等学校剣道選抜大会や全日本女子学生剣道優勝大会の開催地としても知られ剣道のまちとしても有名です。

次に加盟店数についてですが、二〇一四年現在、飲食・物販・サ

⑸（八九四〜九六七）平安時代前期、一〇世紀に活動した能書家であり、それまでの中国的な書風から脱皮して和様書道の基礎を築いた人物と評されている。のちに、藤原佐理と藤原行成と合わせ、「三跡」と称されている。

「日本の都市公園100選」に選ばれている落合公園

ービス業など約二一三店舗が加盟しています。春日井支部の特徴として、導入当初より春日井市の全面的支援が得られ、伊藤太市長自らが発案し東日本大震災の直後の電力不足による節電対策に活用したほか、教育委員会が市内の小中学校での特別講師の謝礼として配布したり、市民部が春日井まつりのボランティアに、また環境部が温暖化対策や環境シンポジウムで活用したり、行政との連携が進んでいます。

このように、行政が関与することで事業への信頼度が増し、広く市民にも浸透することで、今ではなくてはならない地域通貨となっています。

(2) 春日井支部の活動状況

導入当初から春日井市商店街連合会の執行部が中心となって事務局を運営しています。

この背景には、かねてより当連合会でも商店街の活性化策について模索してきましたが、商店街が地域コミュニティの「核」としての機能を果たすためには、積極的に地域や地域の諸団体などとつながることが重要と考え、早稲田・高田馬場で実績のあるアトム通貨発行事業を導入し、このツールを活用することを決定しました。

現在の活動状況は、春日井市との連携が大きな活動の柱となっています。約二五〇万馬力（平成二五年度）の多くが行政からの発行となっていますが、さらに、春日井さくらライオンズクラブが献血への協力者へ、愛知県電機商業組合春日井支部が電化製品の節電方法のクイズに対する回答者へ、また、春日井市特産品認定協議会が、市内特産品の購入者へ、月見町町内会が町内清掃作業の参加者へと、これまで缶ジュースを配布していたものをアトム通貨に変更するなど、市内の団体、ＮＰＯ、町内会などによる活用が目立ってきました。まさに当初の目的どおり、地域や地域の諸団体との関係が強化され、地域コミュニティの深化へとつながっています。

今後は、参加店舗でのプロジェクトの充実を課題ととらえ、アトム通貨の理念を、各参加店が積極的に利活用し、お客様との会話のきっかけにし、アトム通貨の理念に沿った、よい商品やサービスを提供できるようＰＲしていきたいと思います。

まつり会場に設けられたアトム通貨ブース

8 新宿支部

佐藤雅英（事務局長）

■アトム通貨導入日：二〇一一年一〇月
■支部長　大室新吉（新宿区商店会連合会会長、有限会社お茶の大室園代表）
■実行委員会関係団体
新宿区商店会連合会

（1）まちの紹介と加盟店数（主な活動区域は、活動エリアは早稲田・高田馬場を除く新宿区です）

「新宿」と聞いて一般的にイメージされるのは、都庁をはじめとした高層ビルが建ち並ぶ西新宿や大型デパートのある新宿駅東口、そしてそのすぐ横に広がる大繁華街の歌舞伎町などでしょう。東京二三区のほぼ中央に位置している新宿区ですが、実は、大久保、四谷、神楽坂、高田馬場、落合などといったエリアを含む約一八・二三平方キロメートルの面積を保有しています（東京ドーム約四五〇個分）。住居区域が約六〇パーセントを占めており、人口は約三三万人（うち一割が外国人）となっています。

人口といえば、驚くのが昼間人口です。約八〇万人にも上り、国内外から多くの観光客が訪れています。地方に住む知り合いと紀伊國屋書店の前で待ち合わせたところ、私の顔を見た途端、「新宿駅からここまでの間に、一年分に相当する人に会いました！」と言いました。たった数分の距離です。思わず、「なるほど！」と言ってしまいました。

だからといって、新宿区は人とビルだけで占められているわけではありません。新年の初詣報道のとき、必ずと言っていいほどニュースに流れる明治神宮外苑や、都民の憩いの場ともなっている新宿御苑も区内にあるのです。ひょっとしたら、東京二三区のなかでも一番緑が豊かな所なのかもしれません。

また、新宿区は二〇〇三年四月七日に鉄腕アトムを、「新宿未来特使」に任命しています。特使となったアトムは地域のイベントや新宿区の行事に参加し、区民たちとともに活動しています。二〇一〇年四月には、同じ二〇〇三年生まれの子どもたちと一緒に、「新宿区特別児童」として小学校の入学式にも参加しました。

このような新宿区内には一〇四の商店会がありますが、そのうち八九商店会（四二四九店）で構成されている組織が「新宿区商店会連合会（以下、新宿区商連）」です。アトム通貨の取り扱い店としては、飲食店・物販店を中心に二〇店が加盟しています。そのなかの一五店は、アトム通貨配布プロジェクトにもかかわっている積極的な店舗です。二〇一一年に新宿区商連の六〇周年記念事業の一環として、加盟費用を新宿区商連が負担することで事業をスタートしました（当初は三〇店）。ただ、前述にありました高田馬場・早稲田エリアは当支部には含まれていません。

エリアの広さ、人と商店会の多さから考えて、加盟店舗が少ないと感じられるかもしれませんが、非常にインパクトある活動をしておりますので、その内容を、以下において紹介させていただきます。

（2） 新宿支部の活動状況

アトム通貨を導入した翌年の二〇一二年一月に、環境省が推進するリターナブルびんの実証事業で「十万馬力新宿サイダー」(6)を販売しました。販売促進費として空きびん一本につき50馬力を取扱店に配付したところ、加盟店が一時的に七〇店に増加しました。しかしサイダーの販売店については、デパートなどの大型店舗を除いた新宿区商連加盟店舗に制約されていたこともあり、販促期間終了後は加盟店が漸減していき、現在に至っています。これは新宿区商連会員への周知徹底の不足ならびに、手塚治虫先生の「ガラスの地球を救え」というメッセージを十二分に理解できていなかった結果であると思っています。

そうしたなかでも加盟店では、「パン屋にジャムの空きびんを持参したら50馬力」、「魚屋にお刺身用の皿を持参したら100馬力」、「クリーニング屋にハンガー一〇本を持参したら100馬力」、「精米店に持ち帰り用袋持参で100馬力」など、ユニークなエコプロジェクトの数々を行ってきました。

またイベントと連携し、「四谷大好き祭り」「上落合盆踊り」「商店会の年末餅つき大会」や、新宿区社会福祉協議会と新宿CSRネットワークが主催する「打ち水イベント」に参加したボランティアに対し、アトム通貨を提供することで新宿区商連として協力してきました。

アトム通貨の運営については、無駄な支出はなかったと思いますが、より有効で合理的な運営が求められています。今後は、アトム通貨の基本であります、手塚治虫先生の理念・意志を充分に理解し、具現化できるよう努力していきます。

(C)Tezuka Productions

十万馬力新宿サイダーの瓶

（6）アトムのイラストがプリントされたびんを用いた新宿区内限定販売のサイダー。爽やかなすだち味。

9 女川支部

鈴木良徳（支部長）

■アトム通貨導入日　二〇一二年八月
■女川支部長　鈴木良徳（女川町商工会理事）
■実行委員会関係団体
女川町商工会、女川町観光協会、コンテナ村商店街、きぼうのかね商店街、女川町社会福祉協議会、女川町健康福祉課

（1）まちの紹介と加盟店数（主な活動区域は、活動範囲はまち全体です）

女川町は、仙台市から約六〇キロメートルの牡鹿半島基部に位置しており、町域は奥州三大霊場の一つである「霊島　金華山」を中心とした「三陸復興国立公園」地域に指定されています。風光明媚なリアス式海岸は天然の良港を形成し、カキやホタテ・ホヤ・銀鮭などの養殖業が盛んで、世界三大漁場の一つとも言われています。近年は、新鮮な魚介類を活用して多くの観光客に足を運んでもらっていたのですが、二〇一一年三月一一日に起きた東日本大震災により、まちの

中心部は壊滅的な被害を受けました。

中心街の建物がすべて津波で流出した女川町では、商店街の復旧が急務でした。一年後となる二〇一二年四月二九日にオープンした「きぼうのかね商店街」は、宮城県立女川高等学校のグラウンドに建設されたもので、海外の支援団体から資金面援助を受けて造られた木造の仮設商店が三〇店舗、国からの事業で建てられたプレハブの仮設商店二〇店舗で構成されており、被災地最大級規模の仮設商店街となっています。

震災から三年が経過した今、国内外からの支援のもと、まちの中心部の造成が徐々にですが進んでいます。二〇一五年三月には新しい駅舎が完成し、同年の秋にはまちの中心街区を形成するプロムナードも完成の予定となっています。少しずつではありますが、着実に復興への歩みを進めていますので、二〇一二年三月から開催している「女川町復幸祭」、そして毎年九月中旬に行っています「おながわ

建設中の JR 女川駅の新駅舎

秋刀魚収獲祭」にあわせて足を運んでいただければ幸いです。

さて、女川支部におけるアトム通貨の活動ですが、飲食・物販・サービス業などの事業所が四六店舗加盟しており、ほぼすべての店舗が配付プロジェクトにも参加しています。

マイバックやマイ箸の利用といったエコプロジェクトや、自分たちの記念日（誕生日や結婚記念日など）に来店してくれたお客様に通貨を進呈するプロジェクト、お酒の席でハンドルキーパーを務めたとき、混雑する店内で席の譲り合いをしたときや残った料理を持ち帰ったときに渡すなどの思いやりプロジェクト、古新聞の持参・回収といった古紙リサイクルプロジェクトなど、各加盟店がそれぞれ知恵を絞りながらユニークな活動を行っています。その一部を、以下で紹介させていただきます。

（2）女川支部の活動状況

加盟店の積極的な参加と併せて、観光協会とのパートナーシップも女川支部の大きな特徴です。

女川町観光協会では、女川へ視察に来た人からガイド依頼があったときにガイド料として一人五〇〇円をもらい、その代わりに来てくれたお礼としてアトム通貨300馬力を渡しています。渡したアトム通貨を使って加盟店で買い物をしてもらうことが、町内の経済に好影響を与えています。なかには、「ガイド料を一〇〇〇円払うので、アトム通貨600馬力を町内での買い物に利用させてほしい」というありがたい申し出もありました。

また、一台の車に乗り合わせて来店してくれたお客様や遠くから徒歩で来店していただいたお客様へも通貨を渡すなど、まだまだ生活に不便な点が残る被災地女川ならではのプロジェクトも特徴的な部分だと思います。

①女川町健康まつりウォークラリー

二〇一三（平成二五）年一〇月一三日に女川町健康福祉課や女川町社会福祉協議会と連携を図り、ウォークラリーを開催しました。参加者数は老若男女約一三〇名、約四キロメートルの道のりをゴミ拾いしながら歩いて、ゴール地点ではアトム通貨300馬力が参加者へ渡されました。

再生を果たすために日々変化していく女川の町を、参加者が直接感じていただくことができた有意義な事業となったと思います。

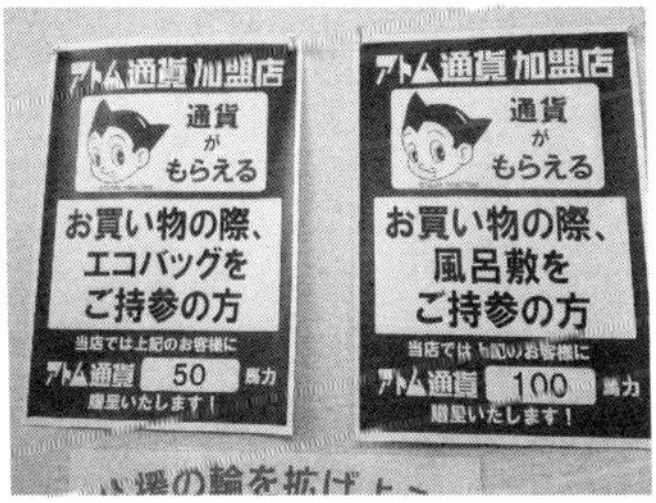

店舗に掲示されたアトム通貨 POP

ウォークラリー出発の様子

付録1 アトム通貨とまちづくり

安井潤一郎（アトム通貨実行委員会会長）

二〇一〇年くらいだったと思いますが、日本銀行の広報誌に早稲田商店会の活動が四ページにわたって紹介されたことがあります。当然、アトム通貨事業の紹介にも多くの誌面が割かれました。そのときに、「この記事が掲載される広報誌はどこに置かれるのですか？」と聞いたら、「日本全国の日本銀行の支店に置かれます」という返事でした。

商店会メンバーは「日本銀行」になんの用もありませんから、入ったこともありません。だからこの広報誌を目にすることはないなあと、当時みんなで思ったことを思い出します。そして、取材と写真撮影が終わり、いざ帰るというときに日本銀行の広報担当者が、「同じ通貨発行業、いわば御同業です、これからも仲良くしましょう」と握手を求めてきました。

そのとき、若干上から目線の物言いにカチンときて、「日銀券一〇〇〇円は、一〇〇〇円の価値しかないが、地域通貨のアトム通貨にはプレミアムを付けることができるのです。アトム通貨は、よいことをした人に『ありがとうのカタチ』として渡すシステムです。これを使う人はよいことをした人、だからプレミアムを付けて感謝をするのです。ここから地域の中小零細事業者が頭を使い知恵を出して地域コミュニティの再生に進むと考えます。アトム通貨は、まちづくりのツールとして重要な役目を担う活動なんです」と返しました。

東日本大震災の被災者数は三四万人。福島第一原発の事故の影響もあるとは言え、四年経った今でも一六万人が仮設住宅で生活しています。二〇一三年の一二月に内閣府から発表された、首都直下型地震の被災者想定数は七〇〇万人です。七〇〇万という数字に対して行政は無力です。なぜならこの国は、「税の公平性」が根幹に掲げられているので、施策のすべてに「公平と平等」が優先されます。極端に言えば、七〇〇万人の被災者が確認されたとしても、水の入ったペットボトル七〇〇万本が揃ってからでないと配れないシステムなのです。

災害対策では、自助、共助、公助と言われますが一番重要なのが自助、そして今後明確に構築していかなければならないのが共助です。私たち商店街は震災関連死を防ぐために地域商業者が元気でなければならないと考え、コミュニティの再生、活性化を目指しています。地域通貨事業はその大きな柱の一つだと思っています。

さて、くだんの雑誌が発行後に何冊か送られて来たのですが、その紙質のよさ、写真のきれいさ、過去に早稲田のまちが取り上げられたどの紙面と比べても、その豪華さは際立っていました。さすが通貨紙幣発行業の日本銀行さんです、恐れ入りました。だからと言って、負けたとは思っていませんが。

コラム②

「中国厨房一番飯店」の「特製上海焼きそば」

本書の40ページでも紹介した「中国厨房一番飯店」には、知る人ぞ知る特別メニューがあります。それが「特製上海焼きそば」です。

あるとき、執筆中の手塚治虫から「八宝菜を焼きそばに乗せたものをつくってほしい」という特別メニューのオーダーを受けたそうです。店主は、仕事が忙しく食事が不規則な手塚治虫のためにと、こだわり具材を使ってバランスのとれた料理を開発しました。

当初は、完全に手塚治虫限定の裏メニューということと、思い出の料理を商売にするのはどうかと思っていたので、表のメニューにする予定はなかったのです。でも、高田馬場の地域振興に役に立つのならと考え、2011年からは一般のお客様にもこの特別メニューを提供しています。

手塚治虫自身、商店街の催事に積極的に協力するなど、地域の活動に興味をもっていました。現在、様々なかたちで地域を元気にしようとする取り組みが行われているということを知ったら、きっと喜ぶことでしょう。

住所：東京都新宿区高田馬場 4 -28-18　電話：03-3368-7215

第3章

アトム通貨のブランド・デザイン

――本部広報戦略とイベント実施例

日高　海（株式会社手塚プロダクション／
アトム通貨実行委員会本部広報）

アトム通貨100馬力紙幣　©Tezuka Productions

1 胸を張ってみんなに知ってもらおう――本部広報戦略

（1） 白羽の矢を射られる

「アトム通貨の定例会議があるから一緒に来てくれ」

直属の上司である石渡に、こう声を掛けられたのは二〇〇七年でした。

アトム通貨はこのころ第四期を迎え、流通管理は学生が中心になって動いていくことが決まっていたものの、今後の運営方針に行き詰った事務局から相談を持ち掛けられていたそうです。どうも石渡は、比較的学生に年齢が近い私が加わることで、大人と学生との交流が潤滑にまわると考えたようです。そのときは、心の中で（あぁ、そうか、気軽に相談できる聞き役的な人間が必要だよね。うんうん、そういうことね）などと思いながら、「はぁ、まぁ、その日は空いているんで大丈夫ですよ」と答え、定例会に出席する旨を伝えました。

まさか、この返事がのちのち「アトム通貨本部広報　日高海」の肩書を背負い、ドップリ地域活性化に取り組むことになるなど、このときの私は知る由もなかったのです。

（２）アトム通貨「もらえる店」第一号店の仕掛け

漫画『鉄腕アトム』のアトムが高田馬場で誕生したとされる二〇〇三年四月七日、一大アニバーサリーを迎えるにあたり、地域ではさまざまな仕掛けがなされ、それがきっかけの一つとなり、翌年より晴れて第一期アトム通貨の流通がはじまりました。私はそのとさ、とんでもない光景を目の当たりにしています。それは忘れもしない、二〇〇四年四月七日、ＢＩＧＢＯＸ高田馬場にあった、期間限定ショップ「十万馬力」での出来事です。

当時、鉄腕アトムフィーバーといっても過言でない現象がおきていて、私が勤務する手塚プロダクションは、目まぐるしい忙しさとイベントの日々を送り、また数えきれないほどのアトム関連グッズを販売していました。「アトムのまち・高田馬場にアトムのグッズが買える場所がないのはおかしいでしょ！」というまちの人たちからのご意見や、ファンからのお叱り（＝ありがたいご指摘）があり、イベント専門班だった私は、ともに二〇代だった同僚と二人で、期間限定店「十万馬力」の店舗デザイン、コンセプト立案、オリジナル商品企画・製作から運営などを任されていました（ちなみに、若手社員にこのような大役を仰せつかわせたのも石渡です）。

私たちは毎日必ず一回は店頭に立つように心掛けながら、店長から様子を聞いたり、商品陳列を変えたり、時にはファンの人から手塚作品への愛を熱く語られたりしていました。そんな毎日のなか、社内で密かにアトム通貨流通に向けての準備を着々と進める者がいました。その男こそ、私をアトム通貨に半強制的に勧誘した石渡でした。

「十万馬力で、アトム通貨配るから対応して」

「はい⁉　あ、は、はい！」

今となっては店舗で配布するプロジェクトは当たり前のように根付いていますが、第一期の、ましてやスタートの時点で金額を負担してまで自店で通貨を配布するメリットなど、どの店も感じてはいませんでした。使用可能店舗を獲得するだけで精一杯という当時の状況下でも、石渡はなんとか店舗で発行する事例をつくり、商店街でも配布できるスキームを組みたかったようです。

そんなわけで、「十万馬力」では梱包・包装を断ったお客様に対し、アトム通貨を進呈することにしました。配布馬力数は、購入金額によって分けていたという記憶があります。このときの流通から配布までという一連の流れを、石渡が抜かりなくマスコミ各社に対して、プレスリリースを送っていました。

(3)　報道されるということの意味

そして二〇〇四年四月七日、アトム通貨の流通開始日を迎えました。いつものように開店準備を整えていると、ＢＩＧＢＯＸの担当者がやってきてこう言いました。

「なんか、外にすごい行列ができてますよ」

前日の全国紙各紙で、「高田馬場・早稲田でアトム通貨流通開始！」という記事が掲載され、その日の朝のワイドショーでも放送されました。ＢＩＧＢＯＸ前はどこかのテーマパークにある人気アトラクションのごとく、記事を見た手塚ファンをはじめ、通貨コレクター、近所の人たち、海外からの観光客などで溢れていました。オープンと同時にバーゲン会場のように客が押し寄せ、次々と商品が売れていきます。

「包装いらないのでアトム通貨ください」

本来であれば私たちのほうから、「包装をお断りしていただいたので、アトム通貨お渡ししますね」と言うところなのですが、完全に立場が逆転していました。ポストカード一枚、消しゴム一個で無包装と言われ、内心では、それは普通テープだから袋いらないし、と思ったのですが、通貨を求めてはるばる高田馬場まで電車を乗り継ぎやって来て、駅前でオープンを待っていたのだと考えると、ただただ頭が下がりました。

この現象は、流通開始当日だけでなく、そのあとも数日間続きました。そのなかには、沖縄県から来たというお客様もいました。もちろん、ファンがこぞって商品やイベントに群がる光景は、仕事柄、幾度となく目にしていましたが、実際に自分の職場がある、これといって何があるわけでもない高田馬場がこんなことになるなんて、いい意味でゾッとするような体験でした。

騒動が過ぎた直後、状況を知った店舗から次々とアトム通貨に連絡が入ったそうです。

「うちの店でも配ります！」

「加盟店として参加させてください」

百聞は一見にしかず。何回説明しても乗り気ではなかった店舗が、アトム通貨で客が山のようにやってくる光景を目の当たりにし、次々と加盟店候補に名乗りをあげはじめたのです。

しかしここで冷静に考えなければいけません。これは、すべて新聞掲載やそれに伴うテレビ・ラジオなどメディアの力で起きたことです。その状況だけを見て参加希望をした大半の店舗は、アトム通貨の理念に賛同したわけではなく、客寄せパンダを見つけてしまったような感覚に近いのです。根本を理解していないと円満なパートナーシップは長続きしません。現在でも、そのときの教訓を生かし、一瞬の熱で終わらないように、加盟店に対して参加意義の理解と、配布する意味合いの徹底を、事務局を通じて指導しています。それを面倒に思ってしまった店舗は、すでにアトム通貨加盟店の輪から抜けています。また、メディアで露出されれば、すぐに結果がでますが、それは一過性のものにすぎません。十万馬力事件でメディアの影響力を痛感したことは、明らかに今の私の礎になっています。「十万馬力」での配布を促した石渡には、間違いなくここまでの展開が見えていたのでしょう。

（4）キャラクターを守るために生まれた広報

二〇〇七年の第四期から、アトム通貨で夜な夜な行われる定例会に参加するようになりました。でも、この年と翌年の第五期は、とくにこれといった活動をしていたわけではありませんでした。それというのも、二〇〇四年末に手塚プロダクションでは組織が改変されたことで、アトム通貨を担当する部署がほかに移され、私と石渡が所属するクリエイティブ部は担当から外れていたのです。

しかし、二〇〇六年当時は、アトム通貨の広報活動をするなかで、キャラクターの使用上問題となるような方法が多く見られたそうです。広告物の監修というのは、著作権を取り扱う手塚プロダクションでは、作品やキャラクターを守るための要となる業務であり、本来はクリエイティブ部が担当しています。

アトム通貨立ち上げから数年経過するうちに、キャラクター使用の規約が引き継がれず、小社に監修依頼が回って来ないというような状況になっていたそうです。その対策も含めて第四期以降定例会議に出席するようになったと、あとで石渡に聞かされました。その流れから私も、アトム通貨の広報物に対する監修やアドバイス、作成の技術的なフォローを行うようになっていきました。アトム通貨発起人の一人である石渡にとっても、監修という名目でアトム通貨の活動に再び参加できてうれしかったのではないかと思います。

その後、第五期ではアトムつながりから実現した、ヤクルトスワローズとコラボしたエコプレーベースボールや、手塚治虫ファン大会内でのアトム通貨五周年記念シンポジウムなどのイベントを提案し、社内的にも大手を振ってアトム通貨の活動に関わっていくようになりました。

そして二〇〇九年の第六期、私は正式にアトム通貨本部の広報担当に就任しました。詳しい事情はあとで述べますが、第六期からアトム通貨の全国展開がはじまることになり、キャラクター管理のみならず、広報を充実させないといけない環境下に置かれてしまったのです。

(5) メディアを味方につけた広報戦略

二〇〇九年六月、一本の問い合わせ電話がクリエイティブ部に鳴り響きました。

「アトム通貨を番組で紹介させてください」

ラジオ局文化放送のディレクターから、番組出演のオファーでした。

広報に就任すると同時に、アトム通貨の基本的なコンセプトやシステムの説明は、私が窓口となり一括管理をしていたのですが、それまでは紙媒体の取材が多く、地域通貨というコンテンツでラジオから出演の依頼が来るなど夢にも思っていませんでした。

余談ですが、私自身、放送作家などラジオ関連の制作を希望していた時期があり、趣味でバンドをやったり、ボイストレーニングを行っていた過去があるため、台本構成や喋りは私にとって願ったり叶ったりの得意分野でした。とはいえ、ラジオで好き勝手に歌って喋れるのはアーティストであり、私ではありません。広報である私ができることは、「好き勝手にＰＲし、許される時間ぎりぎりまで喋り倒すこと」だったのです。さらに、商店街とラジオの相性がよいことも魅力でした。商店は手と目を動かしながら耳から情報を入手できるラジオをとても重宝がり、リスナーも多いのです。

オファーを受けた番組というのは、文化放送でも根強いファンをもつ「玉川美沙たまなび」（二〇一〇年一〇月放送終了）でした。気になるトピックスとして、アトム通貨が紹介され、内容を簡単に説明しながらトークするという、〝よくある流れ〟で終わるはずでした。しかし、文化放送のスタッフと進行台本の校正を進めるなかで、番組パーソナリティの玉川さんが地域活性や、まちおこしに興味をもっていることを知り、広報日高の野望が瞬時に炸裂しました。

私を広報に任命したのが間違いだったと言われないためにも、番組放送中にアトム通貨と「たまなび」で、なんらかのつながりをもてないかという遠回しの提案を合間に入れ、必死にアトム通貨の魅力をアピールしました。あっという間の持ち時間終了でしたが、玉川さんも通貨の幅広い取り組みに興味を抱かれたようで、最後には「コラボができたらいいですね」という流れになったのです。

私も業界の隅っこに属している者として、「社交辞令」という言葉が頭をよぎりましたが、放送終了後に改めて番組の責任者である村田プロデューサーから、「番組でも出ましたように、今後アトム通貨とのコラボを考えたいのでお時間いただけますか」という連絡が入りました。そこから、「進撃のアトム通貨」がはじまります。

私の出演から一か月後には番組内コーナーで、リスナーの「エコ活動」「地域活動」「心温まるエピソード」に対して毎日一名にアトム通貨100馬力を進呈することが取り決められました。その後も毎年秋分の日に開催され、アトム通貨もブース出展を行っている「早稲田地球感謝祭」において文化放送×アトム通貨で共同ブースを出し、併せてステージでは玉川さんを迎えたエコトークの生放送を行いました。

さらに、文化の日に行われる文化放送主催の「浜松町グリーン・サウンドフェスタ　浜祭」では、ペットボトルキャップを回収し、参加者にアトム通貨を進呈するほか、アトムがステージやラジオに出演をし、取り組みを大きく紹介することができました。この二つのイベントでの協力関係は現在でも続いています。

これらのコラボを経て、メディアの発信力の大きさに再び驚かされました。文化放送が番組やサイトで、「ペットボトルキャップを分別して会場に持ってきてください」と呼びかけると、大勢のリスナーが当日イベント会場にキャップを袋詰めにしてやってきます。一度分別をはじめると習慣になり、翌年には一年分を持参。今では浜祭と地球感謝祭のペットボトルキャップ回収は毎年の恒例となり、一日で数万個のキャップが集まるまでになりました。

以降、代々木公園での「エコライフフェア」共同出展、環境省チャレンジ25キャンペーンの共同採択など、強力なパートナーとしての取り組みは、想定外の発展をみせました。細かい取り組みの話はあとで触れるとして、こうした関係性のはじまりが単純な番組出演だったことを忘れてはなりません。

文化放送との太いパイプがつながるなか、もちろんほかのメディアとのつながりも大切にしています。ローカル放送局の番組、朝のワイドショー、バラエティ、経済専門番組に至るまで、ジャンルは幅広く柔軟な対応を心掛けています。

些細なことが、いつチャンスにつながるか分かりません。そのためには、来たものに対し流暢な受け答えをするスポークスマンでいるだけではなく、常にアンテナを張り巡らせて足を踏み入れていく努力をしなければならないのです。まさに〝広報はメディアなくして此処に非《あら》ず〟です。

「浜松町グリーン・サウンドフェスタ　浜祭」でのアトムと子ども

（6）支部制度導入による新たなテコ入れ

気付けば一〇年選手となったアトム通貨も、決して順風満帆にここまでたどり着いた訳ではなく、それなりにターニングポイントというものが存在します。アトム通貨の転機、それは二〇〇九年の第六期です。強力なメディアとの関係を樹立したのも同年ですが、なんといっても、この年からアトム通貨に「支部」が誕生したことが大きな要因です。

これまで、アトムの生まれたまち・高田馬場を中心に、早稲田地域までを流通の範囲としてきましたが、二〇〇八年に環境省の「エコ・アクション・ポイント」（これもあとで詳しく述べます）のモデル事業として採択を受けたことにより、露出回数が大幅に増え、地域活性化で行き詰っている自治体や商店からの視察や問い合わせが相次ぎました。また、当時衆議院議員だった安井アトム通貨実行委員会会長が地方の講演会で、「地域を元気にするにはアトム通貨が一番！」と吠えまくったということも関係していると思います。それらがきっかけになり、二〇〇九年から地方にも流通拠点を置く、「支部制度」を取り入れることになったのです。

この制度を確立するにあたっては、想像をはるかに超えた苦労が待ち受けていました。たとえば、キャラクター一つ扱うにも、本業の手塚プロダクションではとてもデリケートに管理しています。とくにアトムのキャラクターと広告使用契約を結んでいるライセンシー商品を侵食するようなことがあってはなりません。そのほか、高田馬場というまちと手塚プロダクションとの関係性と小社自身のＣＳＲの観点からＯＫだったキャラクター使用も、まったく縁のない地域で使用されることに対して是非が問われたのです。

さらには法律的な見地から、地域通貨が全国展開してよいかどうかの精査をしました。それ以外にも、根本的な支部の管理体制の問題もありました。そこで、支部管理については、安井を会長に本部を立ち上げ、私を含め主要となる四人（手塚プロダクション二人、商店街関係者二人）で運営管理にあたることで決着しました。なんと四人全員が本業をもつ専任ゼロのボランティア本部です。法律的な問題についても金融庁からのお墨付きをもらうことで解決しました。

また、手塚プロダクションからは、以下の四点を厳守することでＯＫを取り付けました。

①アトムのライセンシーとの契約内容を犯すことがないこと。
②キャラクター使用方法を正しく管理すること。
③無料だと制限なく申込が殺到する可能性があるので、相手のやる気度を図るために、微々たる金額であってもキャラクター使用料を徴収すること。
④これらの内容で相手先と契約を締結すること。

こうして、アトム通貨広報担当として全国展開に則した広報マニュアルを作成し、使用範囲や禁止事項を分かり易くまとめ、今まで以上に使用方法を徹底させることになりました。

この広報マニュアルが、現在アトム通貨の広報にとってのベースとなっていますが、できあがるまでは、生みの苦しみの連続でした。アトム通貨の共通ロゴ、支部の表記方法、加盟店シールのリニューアル、店内ＰＯＰ、リーフレット、紹介文、キャラクター使用可能範囲など、項目は増えるばかりでした。このほかにも支部規約、加盟店規約、イベント・プロジェクト申請書類など、支部を管理するうえで必要と思われるものを、すべてマニュアルに落とし込む作業を行いました。

おかげさまで、支部を迎える準備は整ったのですが、もっと早く気付かなければならない問題がありました。それは、アトム通貨に公式サイトと言えるＷＥＢサイトがなかったのです。正確には、まったく存在しなかったのではなく、無料ブログやミクシィなどで細々とイベントを載せていることがあったようです。広報を一括で取りまとめる際に受け継いだ時点では有料のレンタルサーバと契約をして、かたちだけのサイトが存在していたのですが、内容は更新されておらず、サーバのパスワード自体が引き継ぎをされていないような放置状態でした。

これはすぐにどうにかしなければいけない。支部の増加で情報量は今までの倍以上になり、目に止まる機会が増えることから、検索回数が増えていくのも確実です。そこに公式サイトと呼べるものが存在しないのは完全な落度です。突貫でも公式サイトを立ち上げる必要に迫られました。

（7）公式サイトの共有で得られるもの

二〇〇九年の流通開始時には、苦し紛れながらも専用のドメインを取得し、「アトム通貨公式サイト」を立ち上げました。アトム通貨って何？　もらい方、使い方、使える場所など、初めて見る人のために基本情報を分かりやすく掲載し、イベント情報なども随時更新しました。しかし、二つの支部（第六期は早稲田・高田馬場支部と川口支部）と本部の情報を一人で更新し続ける作業は、不慣れな私にとって、あまりにも無謀な行為でした。

ＨＴＭＬ(1)を独自で学び、ある程度のことはできるようになりましたが、私自身がアトム通貨の広報を本業にしているわけではありません。その年に開催される数多くのイベントやほかの団体とのコラボ、採択案件の同時処理を考えると、これ以上サイトに時間を割くことは不可能でした。そこに追い打ちをかけて新規支部設立の決定情報が入り、サイトのあり方自体を変えなければ、自分の首が絞まるだけでなく、支部の情報管理が手に負えなくなってしまう危険性を感じました。

そんな状況のときにたまたま、ＷＥＢ制作会社であるＫＡＹＡＣ（通称：面白法人カヤック）から、アトム通貨のコンセプトである「ありがとうをつたえる THANKS MONEY」と、ＫＡＹＡＣのサービス「THANKS」とのコラボ企画が提案されました。その経緯からアトム通貨の公

（1）ＷＥＢページの文章を作成するための言語。

式サイトを刷新する件も相談に乗ってもらい何度も担当ディレクターと話し合いを設け、使い勝手のよさを第一に考えたサイトのリニューアルからコラボ企画まで、一括で制作をお願いすることになりました。

二〇一〇年の第七期に、アトム通貨はドメインを保持したまま、大幅なページリニューアルを遂げます。それが現在も使用している「アトム通貨公式サイト」です。今までと異なる点は、支部が公式サイトのなかに専用のページを設けることができる仕組みでした。

これまでは、各支部から申請をうけ、承認を出した案件すべてを私が一括管理していました。それを、承認以降の掲載を各支部でブログをアップする要領で作業してもらうシステムに構築し直しました。各支部からあげられた情報は、公式サイトのTOPに新着情報として自動更新されるため、いつ、どの支部が、なんのイベントを開催するのか、誰が見てもすぐに分かるものとなりました。

結果、支部が増えた分、サイト全体のアクセス数増加につながりました。サイトに複数の支部（もちろん本部も含む）の情報を集めることで得たメリットは、見やすくなっただけではありません。もしも、支部が増えるたびにそれぞれが違うブログやサイトを勝手に構えてしまったら、「アトム通貨」と検索した際に、支部ごとのサイトが次々と表示され、非常に煩雑な印象を与えてしまったに違いありません。これは、支部が増えるうえで危惧していたことです。広報マニュアルにも支部が独自にサイトをもつことを禁止し、割り与えたスペースに必要事項を書き込み、記事をあげ、必要に応じて各ページにリンクを貼る指示を出しています。

また、各支部の情報が一か所に掲載されることで、支部同士が瞬時に動きを確認でき、開催イベントの充実につながりました。たとえば夏場に、「打ち水」を開催する支部が何件かあり、どの支部では何時に、どのような工夫を凝らしているか、などを参考にすることができ、配布馬力数も条件によって金額をあげるなど調整が可能です。これは情報の共有だけでなく、支部間のよい意味でのライバル関係の構築にもなりました。さらに、これまで面識のなかった支部同士が、サイトを共有することで連帯感も芽生えました。

（8）こまめな情報発信でファンづくり――ソーシャルメディアの活用

おかげさまで「アトム通貨」と検索すれば、大抵のポー

リニューアルしたアトム通貨公式サイト

タルサイトでは一番上に公式サイトが表示されるようになり、地域通貨としては上々のアクセス数があると認識しています。さらに月に一度（情報量により現在は不定期）、アトム通貨メールマガジンの配信をはじめました。これは、本部としてのお知らせに加え、支部のイベント情報など、全体の動きを簡潔にまとめた、いたってシンプルなものです。それでも、配信時から現在にかけて、読者数が増加しているのはありがたいことです。

二〇一一年六月には、時代の流れにあわせ、フェイスブックとツイッターの登録も行い、情報発信の幅を拡大しました。初めは、とりあえず様子見に立ち上げてみようと、きまぐれに記事を書いていました。しかし、実際にページへの「いいね」数が増えはじめると、静的な公式サイトよりも使い勝手がよく、いつの間にか第二の公式サイトと言えるくらいの使用頻度になりました。

ただし、便利ではあるけれど、更新頻度が多いとしつこさが際立ってしまい、逆効果となってしまうという一面もあります。とくにフェイスブックは、何度も記事が上がるウォールに嫌悪感を抱かれるケースが多いため、よほどの事がないかぎり、多くても一日一回という制限を自身で設けています。さらに、予約機能を使いながら支部のイベント開催期間と配信間隔をコントロールし、公式サイトよりも簡単明確に、かつ柔らかい文面で効率のよい告知展開を心掛けています。

数多くエンタテインメントが存在するなか、アトム通貨のSNSからあがる情報は、「〇〇祭りでゴミ拾い」「ペットボトルキャップ回収」「地域の野菜を食べよう」など、とにかく地味な内容です。それでも、全国のさまざまな地域の人たちから、記事への「いいね」をもらっています。近隣に支部があるかないかにかかわらず、純粋にアトム通貨に興味がある、聞いたことがある、これから地域通貨を導入したい、まちづくりに興味があるなど、いろいろな目的の人たちがページを閲覧しているようです。

こうして公式サイトに加えプラスアルファの要素を増やしたことで、間口がひろがり、日頃関わりをもちづらいボランティアや環境活動などに興味をもつきっかけにつながれば、うれしいかぎりです。二〇一四年には、「いいね」数が六〇〇件を超え、今もその数は右肩上がりになっています。一つの記事の閲覧回数が、多いときには二〇〇〇件を超えることもあります。そもそも、フェイスブックから情報があがり、メールマガジンが送られてくる地域通貨など、あまり存在しないのではないでしょうか。そう考えると、我ながら面白いことに携われている気がしてきます。

日高のゆるい広報は、メルマガに登録するかフェイスブックでもれなくご覧いただけます。

2 環境は人とまちをつなぐ大事なキーワード
——エコ・アクション・ポイントモデル事業

(1) 身近にできる環境活動で広がる輪

私がゆるい空気をつくっているのは言うまでもないことですが、アトム通貨自体がユルユルなものと勘違いされてはいけないので、ここからは、実際に今まで行ってきた事業を具体的に挙げていこうと思います。

話は二〇〇八年の第五期終了時にさかのぼります。当時のアトム通貨は、流通期間を半年と定めており、毎年九月末で流通を終了していました。地域通貨は、法的に半年しか流通できないものと考えていたので、翌期の開始まで半年のブランクがあったのです。それがもったいないと、会長の安井が環境省のエコ・アクション・ポイントモデル事業(以下EAP)の公募に応募し、見事採択を取り付けました。その内容とは、アトム通貨流通終了後の半年間も、マイバッグやマイ箸などのプロジェクトを同様に継続させ、通貨配布の替わりにスタンプカードでポイントを付与するといったものです。

EAPの概要を簡単に説明すると、環境省が推進する環境に配慮した行動・サービス利用に対して付与されるポイントプログラムです(家電で一時騒がれた「エコポイント」とは異なります)。

ＥＡＰ付与対象として登録されている温室効果ガス排出削減に貢献するような商品の購入やサービスの利用をするとポイントがもらえ、ポイントを登録することで、削減した二酸化炭素量が確認できるというものです。貯まったポイントはサービスや商品などと交換できるので、地球にも参加者にもうれしい夢のあるシステムでした。

アトム通貨は半年のブランクを穴埋めするために、レジ袋の使いまわし（自宅から不要なレジ袋を店舗に持参する）によるポイントカードでの取り組みを申請し、初年度採択に至りました。しかしその後、金融庁の指導により、アトム通貨は前払式商票（当時の法律）に抵触せず、通年流通することが可能であると分かったので、翌年からは二年間にわたり、ポイントカードではなくアトム通貨配布事業そのものでＥＡＰモデル事業の採択を受けるようになりました。

この採択は、アトム通貨の歴史で非常に大きな出来事だと言えます。環境省の推進事業であるため、参加することでアトム通貨の活動自体に対する信頼性が向上します。ひっそりと早稲田と高田馬場の地域活性化のためにスタートした地域通貨が、採択された初年度の報道、環境省からの告知、ＥＡＰのプラットホームの利用などにより一気に露出機会が増え、全国に「アトム通貨」の存在を知らしめることとなりました。全国から数多くの参画希望が相次ぎ、視察申し込みが殺到したのはこのきっかけがあってのことです。この採択が二〇〇九年からの支部制度につながり、全国に活動の範囲を広げることになったのです。

（2）数値化することで楽しくアクティブに

二年目からのＥＡＰでは、前述のとおりポイントカードではなく、アトム通貨自体を配布する内容で採択を受けました。イベントや加盟店が行うプログラムのうち、「環境」貢献活動を行った消費者に対してＥＡＰを発行する取り決めなのですが、ただ付与すればよいわけではありません。ＥＡＰとアトム通貨双方のレートをあわせる必要があり、１馬力＝一ポイントというかたちで分かりやすい付与方法をとりました。

ポイントを付与するところまでは簡単なのですが、二酸化炭素の数値化は大変でした。たとえば割りばし一本、ビニール袋一枚にどれだけの二酸化炭素がかかるのか、数値をすべて「見える化」することが、申請時から義務づけられており、地産地消の場合もハウス栽培の電力量や輸送時の二酸化炭素を計算するなど、細かい数値化が必要とされたのです。この作業は環境省とのやり取りのなかでも双方が苦労した部分でしたが、結果、数値化したことにより、具体的な削減目標をもつことができ、二酸化炭素削減プログラムに参加する加盟店が増加する現象がおきました。

周囲の意識が高まり、三年目には、年間の二酸化炭素削減目標を五〇トンという大きな数値に設定しましたが、軽くクリアするほどの盛況でした。

プログラムのなかで、参加する側も我々も効果が実感できたのが、「ペットボトルキャップ回収キャンペーン」でした。キャップ一個につき八グラムの削減につながるという目安がすでにあったので、家庭で集めるときにも削減値が目視できるという楽しみがあったと思います。この結果をもって、アトム通貨は以降、キャップ回収イベントを定期的に行うようになりました。現在では年間で、数十万個が集まる大プロジェクトに成長を果たしています。

アトム通貨がこのＥＡＰ事業に応募をした理由、それは環境に取り組んでいる事業に対して、公認を得ることが一番の目的でした。環境省のプロジェクトに参加することで公の場で認められることとなり、その結果アトム通貨が行う環境事業へ参加する人たちの充実感や信頼感は大幅に増しました。アトム通貨にターニングポイントをくれたＥＡＰには、いまだに感謝の気持ちをもっています。

余談ですが、ＥＡＰのマスコットキャラクターの愛称募集企画がありました。石渡は低炭素から「ていたん」とネーミングし、私はストレートに地球環境を守ることから「エコ守男」と名付け応募しましたが、二人とも健闘むなしく採用されませんでした。

3 ラジオと商店街の親和性——チャレンジ25キャンペーン

（1） 旬産旬消大作戦

環境省のＥＡＰモデル事業の推進において、欠如している部分があったのは、飲食店向けのプログラムが少ないことでした。マイ箸にしても割り箸を扱う店舗が少なく、地産地消にもトライしましたが、東京という土地柄、食材を調達するハードルが高かったのです。

そこで飲食店が参加できるプログラムとしてたどり着いたのが、「旬産旬消」という新たなキーワードでした。旬のものを旬の時期に消費することでハウス栽培にかかる二酸化炭素を削減するという考え方は、アトム通貨の活動にも取り入れやすく、加盟飲食店からの賛同も得られやすいものでした。

この舌をかみそうになる早口言葉みたいな「旬産旬消」を背負い、別の採択案件に名乗りをあげました。それが、環境省「チャレンジ25キャンペーン」事務局が募集した、「二〇一〇年度地球温暖化防止に係る国民運動におけるＮＰＯ等の民間団体とメディアとの連携支援事業」です。簡単に言うと、民間団体の活動をメディアが連携してＰＲしていきます、というものです。メディアパートナーには、先に述べた文化放送を選び、双方で企画書をまとめて環境省に乗り込み、三〇倍を超える倍率を勝ち抜いて見事に採択を受けました。

アトム通貨では、早稲田・高田馬場支部、川口支部、新座支部の飲食店から参加店を募集し、旬の食材を使用しない定番料理を、旬の食材に代替し調理（例：夏野菜の茄子を使う麻婆茄子を大根で調理する）します。それを店のメニューに加え、店頭ＰＯＰ、メニュー表を作成し、旬産旬消が二酸化炭素削減につながることをアピールしました。旬野菜を使用した季節メニューも加え、「旬産旬消フェア」を実施し、料理を注文されたお客様にアトム通貨を進呈しました。

文化放送では、「菅野しろうのアナログ情報バラエティしろバラ」（二〇一一年三月放送終了）以下、「しろバラ」）という番組内で「おいしくCO$_2$ダイエット！旬ＳＵＮ旬ＳＨＯＷ大作戦」と題したレギュラーコーナーを四か月間設けました。主に主婦層や商店主を対象として、野菜ソムリエによる毎月の旬の野菜についてのレクチャーや家庭でつくれる料理の紹介、旬産旬消に賛同する飲食店を番組レポーターが取材しメニューを紹介するなど、定期的に旬産旬消の普及と二酸化炭素削減を呼びかけました。

旬の食材を使うことで二酸化炭素削減を進める「旬産旬消」は、リスナーや参加者にも分かりやすいテーマだったので、狙いどおり実際に台所で旬産旬消を実践できる機会の多い主婦層のほか、地元商店街にある飲食店の商店主たちの心にも響き、この早口言葉のようなキーワードは定着していきました。

（2）イケメンシェフによる課外授業

環境省への提出書類には、番組のほか、リアルイベントの開催を計画の一つに挙げていました。当初の想定では、飲食店のシェフによるリスナー対象の料理教室で、実際にプロの視点から旬の料理を伝授してもらおうとしましたが、リスナーを収容して講座を開くことが厳しいことや、店を閉めなければならない点などで候補店舗が定まりませんでした。

そこで、料理を学んでいる現役大学生にターゲットを設定し、学校で講義形式をとる方向にシフトチェンジをしました。学生のうちに旬産旬消の概念をもち、知識として今後拡散してほしいという期待を込め、東京家政大学に協力をお願いしました。あとは肝心なシェフです。当時、私にはどうしても交渉したい料理人がいました。その料理人とは、代官山「ＴＡＴＳＵＹＡ　ＫＡＷＡＧＯＥ」のオーナーシェフ・川越達也氏です。

川越スマイルに癒されたいだけだろと言われたらそれまでですが、私自身、食育インストラクターの資格をもっており、川越氏のイベントに参加したこともありました。そのときに感じた、川越氏の料理に対する厳しい姿勢や教え方の上手さが、それこそカリスマ的だったので、一度仕事をしてみたいと思っていたのです。テレビと店舗を両立させている川越氏への依頼は無謀に感じましたが、思いのたけをぶつけた企画書で川越氏のＯＫを持ち帰ることができたのでした。

同年一一月下旬、東京家政大学栄養学科の希望者四〇名を対象に、旬の野菜を使用したレシピを伝授する「旬ＳＵＮ旬ＳＨＯＷ課外授業」を開催しました。どうやらこの四〇席を勝ち取るために、大学では壮絶な参加資格争奪戦が繰り広げられていたようです。

講義の初めには、採択をうけている環境省からもご挨拶をいただき、旬産旬消の説明は、プロジェクトを代表して私が行いました。待ちに待った川越氏からは、この日のために特別に考案された、「ブロッコリーのアンチョビパスタ」のレシピを伝授いただき、プロの料理人の視点から見た野菜の特徴から料理のコツ、味付けのポイントまで、細やかな講義と料理実演が展開されました。

この課外授業の様子は、前述した「しろバラ」で放送したり、ＷＥＢサイトにも掲載したのですが、大きな反響がありました。また、そのパスタを東京家政大学の学生食堂ルーチェ（一五〇〇食提供：一二〇キログラムの二酸化炭素削減）および提携レストランまちなか（五〇〇食提供：五一キログラムの二酸化炭素削減）で一か月間販売し、学生や大学周辺住民に浸透を図ることができました。

東京家政大学での川越シェフの課外授業

（３）いざニッポン全国鍋合戦！

今思い返すと、なんとも図々しい話ですが、川越氏には課外授業のほかに、別のイベントもオファーしていました。実は、アトム通貨和光支部のある埼玉県和光市で開催される「第七回ニッポン全国鍋合戦」（二〇一五年より「ニッポン全国鍋グランプリ」に改称）に出展をし、旬産旬消をＰＲしようという企画があり、この鍋の監修を川越氏にお願いしていたのです。

どのような鍋料理を提供するかは、番組を通じてリスナーから募集を行ったほか、課外授業に参加したなかから数名の女子大生と私でチームを結成し、鍋メニュー開発のために旬の食材を使ったレシピを持ち寄り、数回にわたって話し合いが設けられました。リスナーから寄せられた案と、私たちで検討した案のなかから川越氏が一点を選び、さらに彼のアイデアを加えさらに練り上げていく方法を取りました。出展の数週間前、文化放送ラウンジで、実際に川越氏から監修レシピの発表・実演・指導をしてもらい、細かい味の変化や大量に料理をつくるうえでの注意点などもアドバイスされました。

そして二〇一一年一月三〇日、東京家政大学学生、アトム通貨、文化放送で結成された「チーム旬産」は、『旬野菜のホワイトシチュー鍋』を引っ提げてブース出展を行いました。会場では衛生上さまざまな規制があり、前日に高田馬場の新宿消費生活センター調理室に籠り、下準備を行ったのですが、数百食を提供するための食材の量にはため息がでました。

しかしさらなる難関は、当日待ち受けていました。番組のコーナーで数回にわたって出展までの様子を放送した効果により、開始前からブースには長蛇の列ができていたのです。マスコミの力は、アトム通貨流通初日の「十万馬力」を思い出せば、容易に想像できたことでした。日頃、食を学ぶ女子大生も、さすがに学校給食並み（それ以上）の量になるような料理などつくったことなどないうえ、会場の狂気的な熱気に混乱をおこし、終始ブースはパニック状態でした。

私も、寸胴鍋でシチューを煮込んでは、監修を受けた味に仕上がるようチェックを繰り返していました。何を隠そう「チーム旬産」のリーダーには私が任命されていて、川越氏からも「頼むよリーダー」と背中を押されていたのです。その責任はかなり重いものでした。

そうこうしている間も鍋は売れ続けました。数本の寸胴鍋では、長蛇の列を消すほどの量はなく、一時は仕込み中としてブースを閉める事態にまで発展してしまいました。番組パーソナリティも駆けつけ、鍋合戦の活気はありのままに伝えられました。やがてお昼過ぎには用意していた食材すべてを使い果たし、七〇〇食が完売しました。

人気投票では出場四三チーム中一一位の成績を収め、来場者五万

鍋合戦「旬野菜のホワイトシチュー鍋」の試作

人にＰＲすることができました。プロに交じっての大健闘ですが、もっと仕込み数を増やしていればトップテン入りも果たせていたのかと思うと少し残念です。

このイベントへの参加は、旬産旬消を呼びかけることがメインでしたが、グルメイベントの集客力、告知力、出展者の意識など、地域催事を開催するうえでのヒントをたくさん得ることができました。そしてこの経験は、のちのち十分に活かされることになります。

「しろバラ」内での「旬ＳＵＮ旬ＳＨＯＷ大作戦」は、四か月間で一万三二〇通のメールやＦＡＸが寄せられ、番組ウェブサイトへ六万八八〇〇ＰＶのアクセスがありました。連携事業が終了したのち、環境省の公式サイトで掲載された実績一覧では、一〇件の採択案件があったなか、見事「注目事例」で紹介されました。

常に新しいコンテンツに目を向け、二酸化炭素削減一つとっても、切り口を変えて次々と面白味のあるものに置き換え

鍋合戦ブースにできた長蛇の列

ていく。チャレンジ25キャンペーンの採択により、打ち出し方の多様性を十分に知識として取り込むことができたのは非常に有意義な経験でした。

そしてもう一つ気付いたことは、無駄にみえる私のゆるい発想力や、なんの関連性もない趣味の資格も、いざというときには案外役に立つということでした。

4 立ち上がれ企業市民！——内藤とうがらし再興プロジェクト

（1） 内藤とうがらし物語

アトム通貨実行委員会本部では、活動を通じ地域コミュニティについて正面から向かいっている うちに、早稲田・高田馬場支部管轄地域において、企業、学生、住民など、この地域のみんなが参加できるような地域ブランドの必要性を次第に感じるようになりました。そんなときに偶然出会ったのが、「内藤とうがらし」でした。このとうがらしには、第一章でも触れたように（六〇ページ参照）とても素敵なストーリーがあったのです。

内藤とうがらしの背景を知れば知るほど、戸塚地域（早稲田・高田馬場支部管轄地域）の地域ブランドに最適だと考えるようになりました。とうがらしは比較的丈夫な植物なのでプランター栽培も可能ですし、見た目も美しく、生食はもちろん、乾燥させても食すことができるため、長期保存が可能です。

アトム通貨の理念とも「生物多様性保護」「地域の歴史文化の継承」「地産地消」「食育」といった視点から合致し、大変意義がある取り組みなのではないかと感じました。なにより、かつてこの地で栄えた野菜であり、その復活を試みるということ自体、とても夢のある話です。リサーチを進めるうちに、二〇一〇年から新宿区の四谷地域を中心に復活を試みる活動がはじまっている事実にたどり着きました。

二〇一二年、内藤とうがらしの復活を手掛けている成田重行氏の協力を得て、アトム通貨実行委員会本部と早稲田・高田馬場支部の合同事業として、「アトム通貨内藤とうがらし再興プロジェクト」はスタートしました。プロジェクトの初年度の概要は、内藤とうがらしを地域で育てるところからはじまります。そうして実ったとうがらしを回収し、地域の飲食店でオリジナルメニューとして提供してもらうという流れを組みました。

内藤とうがらしの苗つけの様子

栽培に関しては、最初に企業のみなさんに声を掛けました。この地域には、味噌で有名なマルコメといった食に関する企業があり、農業技術通信社のような農業に詳しい企業や、シミズオクトのようなイベント運営ができる企業があります。今後住民に参加してもらうにしても、まず一年目は情報発信力のある企業の力を借りたいと考えたのです。企画書を持って趣旨を説明して回った結果、企業・団体・学校など一七社に賛同してもらえました。

同年六月、苗分け会を行い、育て方や内藤とうがらしの背景をレクチャーする決起集会を開催しました。同じ地域の企業でも、普段はなかなか話をする機会などありません。集会を通じ、企業同士が一つの目標の元でコミュニケーションを図れたのは、とてもよい出足でした。

(2) 地域ブランドを目指して――知的財産ブランド化事業

「アトム通貨内藤とうがらし再興プロジェクト」は、農林水産省による「平成二十四年度知的財産戦略ブランド化総合事業 食文化活用創造事業（地域段階）」に採択されました。この事業は、生産者や飲食業者などが、農林水産物を核とした伝統料理のPRや創作料理の開発を行い、食文化を創造することが目的です。採択されたことにより、ぼんやり考えていた地域ブランド化も明確なビジョンをもち、ある程度時間を区切って進めていくことが必須となりました。

とはいえ、内藤とうがらしを栽培して間もない私たちには、どんな野菜なのかを理解することからはじめなければなりませんでした。内藤とうがらしプロジェクトの成田氏を招き、歴史や特性について伝授してもらい、すでに地域ブランドとして確立している、「銀座ミツバチプロジェクト」の大越貴之氏を迎えて実例紹介を聞くことで、ブランドづくりのノウハウを学びました。

それから実際に料理を提供してもらう地域の飲食店四店舗を中心に、地元で食や農業、マーケティングに強いメンバーが集まり、創作料理検討会を開催し、試作品の持ち寄りと意見交換に四か月ほどの時間を費やしました。こうして創作料理が完成した後、栽培に携わった一七団体を招いて、完成品の試食会を行いました。

そしてこの四店舗で、開発された創作料理を一般客に対して提供をしました。店舗では、どの団体で育てたとうがらしが使用されているのかを表示するＰＯＰを用意し、栽培団体は「ウチで育てたとうがらしの料理が食べられる」と愛着をもって店を訪れました。これまで、あまり地域と接点のなかった企業にとって、ただ食べにくだけの飲食店にこれまでになかった意味づけができたのです。のちの早稲田・高田馬場支部による企画の「辛メシフェア」では、より多くの店舗で料理が提供されました。

栽培団体が集まっての試食会

さらに、企業と企業、企業と店舗など内輪のつながりの充実と、それを周囲にPRするために、プロジェクトのブログを併せて立ち上げました。アカウントを参加企業全員で共有し、参加する誰もが自由に情報を掲載できる場所にすることが狙いでした。このブログは、栽培の様子、育てるうえでの苦労や楽しさが各企業からの視点で更新され、積み重なった記事は年間のとうがらしの栽培記録として貴重な資料となりました。今では「内藤とうがらし」と検索をかけると、上位に検索結果があがりますし、内藤とうがらしだけでなく、普通のとうがらしを家庭菜園している人が、参考に見に来るようになりました。

内藤とうがらしの知名度がじんわりと広がりを増しているのは、ブログやイベントでの告知の効果もありますが、一番影響しているのは間違いなく企業からの発信力です。前述したように、企業からの発信力を期待してパートナーとしての声掛けを行ったのですが、企業側からみても、伝統の野菜を再興し、さらに地域ブランドを立ち上げる活動に参加していることは、企業的社会責任のうえで有意義な活動ととらえられるものだったのです。

実際に、マルコメは細やかな取材を行ったうえ、自社サイト内のＷＥＢマガジン「発酵美食」のなかで、内藤とうがらしの記事を三

内藤とうがらしを使った創作料理

回にわたり連載しました。シミズオクトは自社が発行元となっている音楽系のフリーマガジン内でとうがらしの紹介を行っています。

凝り固まった一か所からの発信ではなく、こうした多方面からの告知展開によって、内藤とうがらしというキーワードが確立されはじめているのです。

(3) アトムとラーメンの最強タッグ

「高田馬場」と聞かれて、「内藤とうがらし」と答える人は、まだいないけれども、「ラーメン激戦区」「鉄腕アトムのまち」という回答はよく耳にします（なかには気を使って、「アトム通貨」と言ってくれる人もいます）。

アトムとラーメン。なんの接点もないように思える二大高田馬場有名どころの両者を「内藤とうがらし」が結びつけてしまうという、事件のような展開が発生しました。それは栽培企業のなかでも、とりわけ熱心に参加してもらっているマルコメの広報担当者からの電話からはじまりました。

「日高さん、高田馬場ラーメン組合ってご存知ですか」と聞かれたのですが、まったく知らなかったので、（いや、まったくご存知ではありません。さすが高田馬場、ラーメンに組合があるんですか?）と心の中で思っていると、「内藤とうがらしを使ってラーメンつくりませんか、という話があるのですが」と言うのです。

お味噌のマルコメからラーメンの話が来ている時点で謎が多いと思いますので、順を追って話をします。マルコメは内藤とうがらしが縁で、早稲田地球感謝祭での共同出展を行うなど、アトム通貨とのつながりが深い会社です。また、地域とのつながりを非常に大切にしていて、いち早く高田馬場ラーメン組合とコラボ展開をし、特製味噌ラーメンを提供する催事などを積極的に行っていたそうです。そのつながりのなかで、高田馬場ラーメン組合に内藤とうがらしの話をしたところ、大変興味をもってもらえたそうです。

高田馬場ラーメン組合は、この界隈のラーメン店のなかでも一際有名な、「麺屋宗」の柳氏を中心に、「ラーメンで街を元気に！」をスローガンに掲げ、二〇一〇年に発足した団体です。チェーン店系の店舗が多いなか、若手の個人経営店が高田馬場を食の観点から盛り上げようと結成に至ったということです。

マルコメから紹介を受け、柳氏と直接話し合った結果、内藤とうがらしプロジェクトのコンセプトに深くご共感いただき、内藤とうがらしを使ったラーメンメニューの開発が行われることになりました。

こうして二〇一四年四月、流通から一〇周年を迎えたアトム通貨

麺屋宗

の一一期流通開始に合わせ、一か月に及ぶ「内藤とうがらしラーメンフェア」の開催が決定しました。高田馬場の二大象徴がタッグを組んだ最強の地域活性化事業であり、高田馬場の新しい地域ブランドの物語がここで本格的に走り出しました。

参加店舗のオリジナルラーメンに使用されるとうがらしは、第二期内藤とうがらし再興プロジェクトに参加した栽培企業全五一社が大事に栽培したものを回収して使用しました。第二期では、第一期の一七社から大幅に参加数が増えたのです。フェア参加店舗は、柳氏の麺屋宗をはじめ、武道家、ぼりうむ、焼麺劔《つるぎ》、ひまわり、やまぐち、我羅奢《がらしゃ》、鷹流《たかりゅう》、表裏《ひょうり》という九店舗で、スタンプラリー形式をとりました。そしてフェア期間中に三店舗達成でアトム通貨100馬力、全店舗制覇するとアトムジュートバック（先着一〇名）としました。

開発されたラーメンは、汁麺あり、焼き麺やつけ麺、まぜそばありと、各店の力量を存分に発揮して内藤とうがらしのおいしさを引き出した個性的なメニューばかりでした。スタンプラリー形式にしたことで、全店達成するために辛い麺を食べ続けるラーメンファンが大勢つめかけ、一か月のフェアは無事に終了することができました。

この取り組みで感心したのは、イベント参加者の数や売上杯数だけではなく、参加店舗の意識の高さでした。実は私も無類の辛党で、企画側でありながら、今回のラーメンフェアを心待ちにしていた一人でもありました。ゆっくり食事をしたいこともあり、身分を隠してひっそりと内藤とうがらしラーメンをオーダーしたところ、店主が席に訪れて「内藤とうがらしってご存知でしたか」と声を掛けられました。そこから細かく内藤とうがらしのストーリーやスタンプラリーの取り組みの経緯を説明してもらいました。

最後には身分をあかし、お礼をいって店を後にしましたが、お昼時の忙しい時間帯にもかかわらず、しっかりとしたコンセプトまで話してくれる姿勢に感動しました。後日、代表の柳氏にその話をしたところ、資料を渡してよく読むように言ってあったけれど、そこまで各店舗が対応しているとは思わなかった、とのことでした。内藤とうがらしのストーリー、そして地域ブランドに向けた展開に期待と可能性を抱いた店舗の、いわゆる「神対応」です。

この出来事は、私たちプロジェクトを企画する側の大きな刺激となり、熱い思いをもった企業や店舗を集めることで、確実にステップアップできるという自信につながりました。それと同時に、ジャンルに特化されない、より柔軟な催事の開催を行う必要性を感じました。

（4）経験値を生かした一大イベントの提案

二〇一四年六月に第三期プロジェクトがスタートし、参加社は企業間での口コミや紹介を経て六〇社にまで膨らみました。この年、プロジェクトをいい意味で揺るがす大きな展開が起こりました。成田氏が進める本家内藤とうがらしプロジェクトの尽力により、内藤とうがらしが江戸東京野菜として正式に認定を受けたのです。この正式登録により注目の素材として一気に人気が高まり、都内に数件の専業農家が誕生しました。

地域ブランドの未来を考えると、企業でのプランター栽培では限界があり、いざ一般ルートでの商品展開まで想定すると、安定した供給量と品質保証は最重要課題です。これまでラーメンフェア以外にも小規模ながらの店舗での料理提供を行ってきましたが、とうがらしの収穫量は、企業の陽当りやその年の天候などに大きく左右され（農家の比ではありません）、決して潤沢にとうがらしを供給できる環境ではありませんでした。そこで誕生した専業農家は、とうがらしをコンスタントに供給する要の存在であり、心強い後ろ盾を得たことからまちをあげての一大イベントを仕掛けることも可能になりました。

とうがらしをメインにたくさんの店が参加でき、分かりやすく、華やかで、集客も望め、採算も合う、などいろいろと思考を巡らせていくうちに、たどり着いたのが「街バル」形式でのイベント開催でした。街バルは、街を回遊しながらさまざまな飲食店の食べ歩き・飲み歩きを楽しむグルメイベントで、地域活性を目論む自治体などがこぞって開催していました。

思い立ったら吉日と考え、大手町で開催されている街バルに上司の石渡と参戦し、案内表示や宣伝規模、店舗の運営方法などを隅々までリサーチしました（このときは、あくまでリサーチだったのですが、短時間でのハシゴイベントは傍から見ているよりも想像以上に楽しいということが判明しました）。

「これを絶対にやろう」という決意で、街バルを専門に運営する街バルジャパンにも話をうかがい、イベントの骨組みを固めはじめましたが、街バルを知れば知るほど、自分たちの計画がほかと一点大きく異なり、一歩間違うと高いハードルになることに気付きました。それは、「内藤とうがらし」がメイン食材であるということです。そもそも内藤とうがらしを地域ブランドにするために行う催事のため、参加店舗には内藤とうがらし自体を理解してもらい、ラーメンフェア同様に賛同してもらう必要があります。想像通り、店舗集めはとにかく苦労をしました。

さらに運の悪いことに、同時期に早稲田かつお祭の開催が重なったのです。数年前から早稲田大学周辺でも大学が中心になり、早稲田みょうがの栽培をはじめていました。そのみょうがを使って、宮城県気仙沼のもどりカツオを食すイベントが早稲田かつお祭で、二年前から毎年この時期に、早稲田大学周辺商店街連合会（通称Ｗ商連）が主催で行っています。Ｗ商連とアトム通貨は仲がよく、アトム通貨加盟店の多くもＷ商連に加盟しています。それならば、とうがらしバルの日程を変更すればよいのですが、内藤とうがらしの親玉である成田氏が「一〇月四日をゴロあわせで唐辛子の日にする」と言い、その前後で大々的にイベントを組んでくれないかという要請を受けていたのです。

こうした大人の事情が重なったので、早稲田周辺の加盟店には声を掛けず、同時期に開催することにしました。そんななか石渡が、「W商連の会合に顔をだして、仁義をきってくる」と眉間にシワを寄せながらも、どこか自分で自分にうっとりした眼で言ったので、そっと送り出しました。よい関係を継続するには調整ごとは必要です。腹を割って話すにはそれなりの気構えも必要です。W商連との会合では、お互い地産野菜を使ってまちを盛り上げようと意気投合し、共同でプレスリリースを出すことになりました。それが相乗効果を生み、結果新聞で大きく取り上げられたのです（六六ページ参照）。

話は戻り、とうがらしバルの参加店集めです。早稲田地区の加盟店参加が望めないこともあり、より厳しい状況に置かれました。そこでアトム通貨加盟店に関係なく、高田馬場周辺の飲食店を回り、街バルとは？　内藤とうがらしとは？　アトム通貨とは？　からはじまり、料理の開発依頼、当日の運営方法、料金設定、このイベントを開催する本来の意味を説明して歩きました。

これらにすべて賛同できる店舗は、チェーン店の多い高田馬場周辺ではまれで、三軒に一軒あればよいところでした。予定より店舗決定が遅れるなか、イベント趣旨を理解した熱い気持ちをもった店舗が、「あの店には声を掛けた？」、「あそこならやりたいと言うと思う」と私たちに紹介をしてくれるようになりました。店舗間の横のつながりは絆が強く、そこから参加表明が一気に増え、個性豊かな三〇店舗を獲得することができました。

同年一〇月に、「高田馬場&早稲田　バル辛フェスタ」を開催しました。前売り券三〇〇〇円、当日券三五〇〇円で、四枚綴りのチケットをワンシート単位で販売し、チケット一枚に対し１フード・１ドリンクを店舗が提供します。一度購入したチケットは開催期間（五日間）いつでも使用でき、複数名でのシェアも可能です。料理はもちろん内藤とうがらしを使用したオリジナルメニューの提供ですが、激辛メニューではなく、本来の内藤とうがらしの旨味を味わう試みがなされ、とうがらしを出し汁として使用したり、お酒に使う店舗もありました。ある程度の辛さ調整も店舗に対応していただいたため、辛い物が得意ではないお客様も楽しめるイベントにすることができました。

（５）「高田馬場＆早稲田バル辛フェスタ」開催で分かったこと

フェスタ開催中、大型台風の上陸による豪雨・暴風により集客の心配がありましたが、五日間合計で六〇〇人以上の参加がありました。参考のためにほかの街バルにおける人数を聞いたところ、同じくらいの開催期間だと三～四〇〇人で合格ラインという目安があり、バル辛フェスタはラインを大きく超えることになったのです。

実は、このバル辛フェスタが初年度でここまでの飛躍をみせたのにはカラクリがあります。イベントの多くは入場者数、物販売上、とくにグルメ催事では売上食数で成功が判断されがちですが、その数だけにとらわれてはいけないのです。ポイントは、その地域が求めているターゲットが確実に参加をしてくれるかどうかというところです。

そこで、実際に料理提供をする飲食店、協賛をいただいている企業、内藤とうがらし栽培に携わる人たちにチケット販売協力をお願いするという手段をとりました。なぜなら、このイベントの開催意義は「内藤とうがらしの地域ブランドとしての定着」、そして参加店舗にとっては、地域の企業・団体と接点をもつことで「一見客でないリピーター獲得につながる」ことです。地域の在勤・在住者に参加してもらうためには絶好の販売形式です。

ある店主が、以前もっと繁華街で店舗を構えていたときに参加したグルメイベントは、一日で嵐のように客が出入りし店はてんてこ舞、リピーターが増えるどころか常連客にも迷惑がかかってしまったと言っていました。いくら大勢の来場があって、売り上げがあったとしても、そのまちに一度きりしか来ないお客さんが対象であれば、一瞬の盛り上がりにすぎません。これは地域によりさまざまで、たとえば銀座、大手町などのように華やかで集客を望める場所は一過性でも構わないのでしょう。しかし、とくに目玉のない地域ではそこの特徴を生かした取り組みを的確に見極める必要があるのです。

バル辛フェスタは、ラーメンフェアのように来場者と店が一つの話題で対話をし、そこから生まれる温かな時間を、「居心地のよさ＝また来店したい」という気持ちになるきっかけを提供することを目指しました。その結果、一般客からの購入は、全体の六分の一の割合で、そのほかは店舗・主催者・とうがらし栽培参加団体などが地域で販売したチケットでした。

また催事の告知は、予算の都合上、簡略化しました。外部からの集客に執着がないことから、公式サイトに至ってはフェイスブックで済ませ、街バルジャパンのポータルサイトからリンク協力をいただきながら補助的にツイッターを使用していました。今回は参加店舗からの情報発信力に頼り、ずいぶん助けられました。店舗はこのほかにも自店のメニューを載せたオリジナルポップを作成して設置したり、休業日を返上して店を開けたり、イベントを成功させるために一丸となって動いてくれました。

会期終了後、改めてSNSを検索すると、参加者からの自発的な記事の更新、店舗からはリアルタイムな店の様子など、私たち本部だけでは情報を発信しきれないほどのやりとりがアップされていました。その書き込みのなかには、「気になっていたけれど今まで入れなかった店に入店する機会になっ

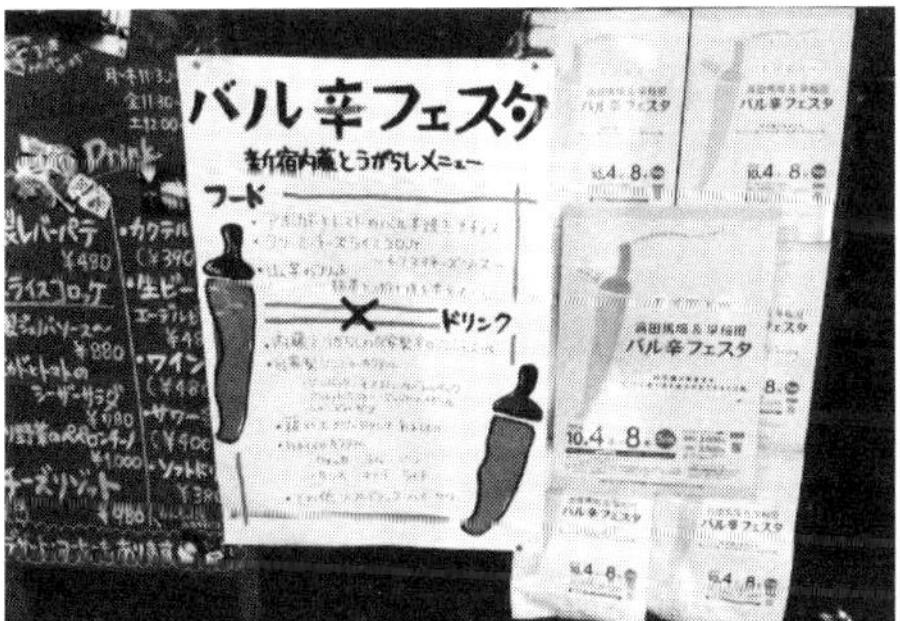

バル辛フェスタ参加店舗作成 POP

た」、「来年はいつ開催ですか」、「今度はとうがらし以外の食事を楽しみに行きます」というコメントが多く寄せられていました。

地元企業が育てた食材を地元飲食店でふるまう、まちをあげてのおもてなしイベントは、このようにして地域に根付く第一歩を踏み出しました。

地域ブランドと呼ばれるものは、たとえばお米の名産地、海産物の名産地など、たいてい土地の風土や歴史によって受け継がれた食材が根付いているものです。新宿区といえば、東京のなかでも都心を代表とする地域であり、いわば何もかも揃った土地です。食べたいものや買いたいもの、大抵のものが集まっている場所です。でもいざ、新宿区の名物は何か？　と聞かれても、すぐに思い浮かぶものがありません。いつか「内藤とうがらし＝新宿」という連想をしてもらえるときが来ることを願いつつ、このプロジェクトを引き続き育てていこうと思っています。

この早稲田・高田馬場には住民三万人のほか、在学者が五万人、在勤者が二万人いると言われています。全員合わせたら十万人です。ゆくゆくはアトムにかけて、「十万馬力」という地域ブランドを展開したいという、ちょっとした野望を肴にたまに石渡と一杯やっています。

「内藤とうがらし」は、早稲田・高田馬場の地域ブランド第一弾ですが、今後はさまざまな商品を十万馬力の名で打ち出していき、十万人が誇りに思えるものにまで発展すれば、とても面白くなりそうです。

（6）「ありがとう」の気持ちをこめて

広報戦略というう見出しを見て、すごいものを期待されていた人がいらっしゃいましたらすみません。しかし、地域活性化としてはじめたからには、自ら企画を持ち込んだり、プロジェクトを大きくするための初期費用を獲得してきたり、イベントでMCをやったり、時には突風吹き荒れる畑でとうがらしを植えて泥だらけになったり（ファミリーレストランで人生初の入店拒否をされるほどの泥）、派手なものから地味なものまで、真剣に取り組まなければならないのです。この一歩一歩の積み重ねが、今のアトム通貨のかたちであり、広報のあり方なのです。

初対面の人に会社名を名乗ったのちに仕事内容を聞かれると、説明のしようがなくて困ることがしばしばありますが、裏を返せばいろいろな業務を体験できていることなのだと妙に充実した気分が味わえます。

今後も、アトム通貨を次のステップにレベルアップさせるべく、私なりの広報戦略で突き進んでいきます。無限の可能性を秘めるツール「アトム通貨」。そこへ無理矢理に勧誘した上司の石渡にも、「ありがとう」の気持ちを込めて十馬力を進呈しておきます（これは私が商店のプロジェクトに参加し、正式にいただいたものです）。

ありがとうの輪がいつまでも連鎖することを願って、乾杯。

コラム 3

高田馬場駅の発車ベルと壁画

JR 山手線高田馬場駅の発車メロディには、アニメ『鉄腕アトム』の音楽が使われています。これには、アトムの誕生日を祝うために、高田馬場西商店街の人たちが自ら著作権などの手続きをして、音源をつくり、JR 東日本に掛け合って採用されたといういきさつがあります。実は、内回りと外回りでは音階が異なるので、ぜひ耳を澄まして聴いてみてください。

そして改札を出ると、高架下一面に手塚キャラクターの巨大壁画が現れます。待ち合わせをしたり、写真撮影をしている人たちを数多く見かけます。この壁画も、高田馬場西商店街と住民が薄暗い印象の高架下を明るく安全な場所にしたいという願いから発案したものです。

JR 側の壁画は、1998年に完成しましたが、駅の工事のために一度撤去され、2008年に再設置されました。『ガラスの地球を救え』をテーマにして、春夏秋冬と朝昼夕夜のなかでの暮らしやまちの風物詩が描かれています。西武鉄道側は、JR 側の再設置にあわせて企画され、高田馬場・西早稲田地域の「歴史と文化～過去から現在そして未来へ」をテーマに、堀部安兵衛の仇討、流鏑馬、染物などが描かれています。

壁画は地域の人たちに愛され、定期的な清掃が行われているおかげで、設置以来一度も傷をつけられたことがありません。

第4章

まちが教えてくれたこと

――歴代学生事務局長奮闘記とスタッフの思い出

アトム通貨500馬力紙幣　©Tezuka Productions

1 集まり散じて人は変われど　仰ぐは同じき「理想のまち」

髙木知未（第四期アトム通貨実行委員会事務局長）

（1）研究のために入った活動で、運命が変わった！

アトム通貨がいまや全国に展開し、中学二年生が使う公民の教科書に載るまでに成長したと聞くと、誇らしさと、少し複雑な気持ちが入り乱れます。私が参加した一～四期の草創期は、何度もくじけそうになりながら試練と闘い続けた、試行錯誤の時代だったからです。少し歴史っぽくなりますが、四年間を通して活動した唯一の学生として、その一部を記したいと思います。

アトム通貨と出会ったのは二〇〇四年の初夏、第一期の流通がスタートし、アトム通貨をサポートする学生チーム「アトム通貨推進チーム―tao（以下tao）」が発足してすぐでした。入学当初、「早稲田大学雄弁会」という政策研究サークルで活動していた私は、社会的弱者の自己実現の場としての「まちづくり政策」と、それを円滑にするための「補完通貨」を研究していました。当初はフィールドワーク先として訪れただけのつもりでしたが、現場に出てこそ問題の本質が分かるはずだと感じて、実践の場としてアトム通貨の活動に参加することになりました。

（2）理想と現実のはざまで――第一期〜第二期

この時期までの学生チームは、アクティブで魅力的な学生が集まるサロンのような雰囲気がありました。ＷＡＶＯＣ職員でアトム通貨事務局長松田卓也さんと、同級生ながら学生チームをまとめ上げた宮本千夏さんをはじめ、まちづくり、環境、農業サークル、国際協力ＮＧＯ、地域研究ゼミなど、第一線で活躍している学生たちが知恵を出し合い、キャンドルナイトや打ち水大作戦、戸塚第三小学校で子どもたちが玩具を交換し合う「かえっこバザール」、間伐材でつくった割り箸に広告を付けた「アド箸」などのプロジェクトを生みだしていきました。

しかし、アイデアは次々と湧いてくるのに学生チームはいつも一〇人くらいしかいなかったので、イベントも小規模にならざるを得ませんでした。第二期になると資金も不足しはじめ、話題性のなくなったアトム通貨には停滞感が漂い、tao も解散することになりました。

そんななか、手塚プロダクションの石渡さんが異動し、早稲田の商店街をまとめていた安井さんが衆議院議員に当選するなど、立ち上げ時のパワーをもった実行委員会メンバーがアトム通貨から離れてしまいました。大黒柱であった松田さんもまた、大学職員の任期満了に伴い事務局を去ることになり、大人たちの支援が途絶えたアトム通貨は、最初の危機を迎えたのです。とはいえ、通貨の発行には重大な責任が伴いますし、まちづくりも時間をかけて信頼関係を醸成することが重要です。私には、一度はじめたプロジェクトを投げ出すことは考えられませんでした。

第三期へ残ったのは同じく学生で残った石野さんと私の二人だけ。まるでベンチャー企業のように寝食を忘れて全力を投じ、学生ができる最大限のことはできたと思っています。

(3)「もうやめようよ」崖っぷちからの起死回生――第四期

しかし、第三期が終了した二〇〇六年秋、わずかに残ったメンバーはまたも徒労感に苛まれていました。「まちのために頑張っているのに、誰にも必要とされていないじゃないか」、「忙しすぎて授業と両立できない」、「半年しか流通できないんだから通貨として意味があるのか」、「そもそもなんのためにあるのか分からない」。そして「もうやめようよ」という意見も出るようになりました。二期～三期の間で起きた人材流出という悪夢が再び現実となり、大人たちの助けも期待できないという、八方ふさがりの状態に陥っていました。

それでもやはり、アトム通貨の可能性を信じて続けていきたいと思いました。就職活動と教育実習が控えていましたが仲間たちのサポートを得て、第四期は「質の向上」を公約として再スタートを切ることになりました。

第一期と第二期では当時掲げていた、「地域」「環境」「国際」の理念を重んじるあまり、加盟店や協力団体からは利用しづらいという声が出ていました。それを受け、第三期では配布基準を下げて配布量を増やしましたが、今度はアトム通貨の理念が曖昧になってしまいました。

そこで、イイコトを応援する「ありがとうのカタチ」という原点に戻り、「ありがとうの連鎖」をつくるコミュニケーションメディアとして再定義ができないかと考えました。まちのプレーヤーたちが主体的に関わってくれれば、学生というヨソモノが出しゃばらずとも、自然にアトム通貨が人々の交流を促し、まちに活気が生まれてくるのではないかと思ったのです。

（4）完璧じゃないから支え合う　新しいアトム通貨実行委員会のカタチ

第四期の配布量は六一万二七八〇馬力、換金率は四七・一パーセントと、当初の目標通り換金率は前期を一一・六ポイント上回りました。一方、流通量では昨年を下回り、事務局の人手不足から、イベントや広報も十分にできたとは言えません。でも、だからこそ、実行委員会の大人たちと正面から向き合うことを選択し、再び通貨運営に呼び戻せたのだと思うのです。

たとえば、高田馬場ロータリーを貸し切ってのオープニングイベントでは、資金調達、警察署や区役所への人脈、会場設営のノウハウなど、学生だけでは立ち打ちできない課題に数多くぶち当たってしまいました。困り果てた私たちは、積極的に「ＳＯＳ」を発信することで、地域でメインプレーヤーとして活動している大人たちと協力していくことにしたのです。

不定期開催だった会合も、毎月必ず開催するようにしました。大人が参加しやすいよう開始時間を夜八時に設定し、きちんと案内告知をしたうえで、欠席者には詳細な議事録を渡すなど、全員が常に当事者として関わりやすい状況をつくったのです。

　これらの努力が実を結び、オープニングイベントでは同日開催した「クリーン大作戦」と合わせて二〇〇〇人の動員に成功し、約三万馬力を配布できました。町会の婦人会の人たちは、ラジオ体操に参加した地域の子どもたちへ通貨を配布する新しいプロジェクトに力を貸してくれました。そして最もうれしかったことは、創設メンバーである手塚プロダクションの石渡さんが、業務を離れ一個人として再び参加してくれるようになったことでした。アトム通貨が結びつけるのは、なにもユーザーやまちの人だけではなかったのです。そこに携わる実行委員や事務局員もまた、アトム通貨というプラットフォームによって強い絆で結ばれていきました。

　時には喧嘩をして、怒鳴られて、徹夜で企画書を書いて、苦労も多かった四年間でしたが、あの頃の汗と涙があったから、その後の発展につなげられたのではないかと思います。

第４期オープニングセレモニー

（5）受け身の勉強だけじゃもったいない！　足でも稼ぐ〝学び〟

アトム通貨での経験は、大学での学びを深める効果がありました。大学四年間の集大成として挑んだ、日本銀行主催の政策コンペティションで優勝することができたのです。「地域のお金は地域で回す」、「交換経済の価値を見直す」、「地産地消を推奨する」というアトム通貨にも通底する理念をもとに、地方債の利子を地域の特産品で受け取る「現物配当型地方債」というシステムを提案しました。

円の発行主体である日銀が、ローカル通貨の発行団体の政策を評価してくれるとは思いもしませんでした。座学で学んだ理論は実践の肥やしになり、実践は好奇心の幅をさらに広げてくれ、私の大学生活は最高に充実したものとなりました。

（6）集まり散じても　まちの〝お父さん・お母さん〟、大事な仲間

本稿のタイトルに引用した早稲田大学の校歌、「集まり散じて～」の一説は、まさにアトム通貨の本質を言い当てていると感じます。事務局メンバーは大学も、年齢も、学部もバラバラな変わり者集団でしたが、いまでも気の置けない、そして「世の中をよくしていこう」と思っている最高の同志です。その思いは、まちの〝お父さん・お母さん〟たちも共有してくれていると思うのです。私たちを育ててくれた地域の人たちとアトム通貨に、もう一度心から感謝を記します。

2 アトム通貨から受け継いだ想い

山崎卓郎（第五期アトム通貨実行委員会事務局長）

（1）アトム通貨が根底に

アトム通貨の活動に私が参加したのは、第三期～第四期の移行期にあたる二〇〇六年の終わり、すでに就職活動シーズンに入ろうとしているころでした。アトム通貨の活動に参加した理由には、小さいころから手塚治虫の大ファンであったことや、何かしら大学生活でしかできないような体験を求めていた時期だったということがあります。しかし最も大きな理由として、「地域通貨」という概念が、早稲田大学商学部でいわゆる「お金儲け」の手法を学んでいた私に、その考えを根底から覆すような衝撃を与えたからのです。

私は今、金融業界に身を置いています。そのなかでも新分野といえるインターネットバンクの企画業務に携わっています。金利競争や手数料競争でしのぎを削り、投資先の開拓に余念がない業界です。そういうなかで、楽しく仕事に向き合っていることができるのは、アトム通貨の活動が根底にあるからだと思います。

私がアトム通貨の活動に参加してから引退するまでは、約二年です。それから六年以上の年月が経ち、アトム通貨は大きく成長しました。なかでも私が事務局長を務めた第五期のころというのは、アトム通貨が新たな広がりを見いだしていた時期だと思います。そうした活動のなかで、私自身が何を得て、そしてどんな影響を受け今に至るのか、この場を借りてお話させていただきます。

（2）第五期当時のアトム通貨

第五期のアトム通貨は、二つの大きなイベントがありました。

一つ目は、東京ヤクルトスワローズと連携した、「エコ・プレー・ベースボール」の開催です。二〇〇八年というのは、東京ヤクルトスワローズの球界参入四〇周年でもあり、当時のチーム名とペットマークに使われている鉄腕アトムの原作者、手塚治虫生誕八〇年でもありました。そのWアニバーサリーを記念して、三九年ぶりにヤクルトアトムズのユニフォームを復刻した「ヤクルトアトムズ復活シリーズ祭」を一一試合開催することが、ヤクルト球団と手塚プロダクションの間で決まりました。

そして、その期間中の五月一一日に神宮球場で行われる試合を、手塚プロダクションの提案で「エコ・プレー・ベースボール」として、アトム通貨とのコラボが実現したのでした。これは、入場者全員に入口でアトム通貨とゴミ袋を配布し、五回終了時と九回終了時に配られたゴミ袋を手に観客全員で球場内を清掃してもらうという企画です。

また、事前にファンクラブの会員を対象にマイカップの持参を呼びかけ、そのカップを使用してドリンクを購入された観客にもアトム通貨を配布しました。ファンクラブ会員という限定されたなかでの告知でしたが、その日だけで二〇〇〇人以上の観客がマイカップ持参で球場を訪れました。そして始球式では、ピッチャーが当時の環境大臣鴨下一郎氏、キャッチャーが安井潤一郎アトム通貨実行委員会会長というバッテリーも実現しました。

さらに、この試合で着用した選手のユニフォームを球団がオークションにかけ、その売上金をアトム通貨に寄付をしてくれるという、うれしいおまけも付いてきました。このようにプロ野球チームとの提携ができたことで、アトム通貨が早稲田・高田馬場に留まらず、より広い範囲で知ってもらえるきっかけとなったのではないかと考えています。

そしてもう一つは、流通終了後の一一月二二日に早稲田大学大隈記念大講堂で開催したアトム通貨五周年記念シンポジ

第５期から第６期へ事務局長を引き継ぐ

ウム「十万馬力でガラスの地球を救え！」です。手塚プロダクションのファン大会と併催で行われたこのシンポジウムでは、〝ソーシャルキャピタルの醸成と地域力の向上におけるキャラクターの役割〟をテーマにしました。パネリストとして、手塚キャラクターによるまちおこしを実施している宝塚市や新座市の担当者に参加してもらいました。そのほか、アトム通貨実行委員会から副会長の石渡正人さん、第一期、第二期事務局長の松田卓也さん、第四期事務局長の髙木知未さん、そして、第六期の事務局長だった郷慎久朗さんが登壇し、活発な議論を展開しました。

入場者が七〇〇人を超え、大隈記念大講堂の一階席がすべて埋まり、二階席まで聴衆が溢れるという大盛況ぶりでした。そのシンポジウムに参加した新座市では、アトム通貨を二〇一〇年から導入していて、宝塚市でも現在導入の検討に入っていると聞いています。

このように第五期は、「ありがとうの輪がつながっていく」というコミュニケーションの促進を求め、さらに大きな広がりをつくろうとしていた時期であったと言えます。

（3）アトム通貨の活動を通じて何を得たのか

アトム通貨の活動を通じて私が得たこと、それは、「お金というものに対する疑い」の気持ちだと思います。アトム通貨に関わるなかで、『エンデの遺言』（講談社＋α文庫、二〇一一年）などの書籍を読んだりしました。そして、活動に参加している仲間との会話を通じ、私にとって疑いようのなかった「お金」という存在を、違った視点で見ることができるようになりました。

それまでは漫然と、モノやサービスの対価として支払うものだという考えで、お金をとらえていました。しかし、アトム通貨の活動を通じて、お金は「ありがとう」という気持ちとしての側面もあるのだと、考えることができるようになったのです。また、地域通貨の概念について掘り下げていくと、お金の価値が減価していくことや、使途がかぎられていることなど、ユニークな考え方が学べます。そうしたなかで、私が得たものというのが、冒頭の「お金というものに対する疑い」なのです。それが今でも、私のなかでは金融に対するときの基本的な考え方として存在しています。

(4) アトム通貨の活動が今の自分に与えた影響

アトム通貨の活動は、今の私にも影響を与えています。就職活動の際、会社を選ぶ基準として考えたことは、まず「金融」であること。そして次に「起業家精神のある会社」であることでした。この二つを基準にしたのは、前述したようにアトム通貨の活動に関わるなかで、お金という存在を違った視点で見ることができるようになったということが大きく関係しています。

周囲の友人たちが大手銀行などに就職していくなか、私は金融業界内ではベンチャー企業といってもいいような、インターネット金融を手掛ける企業に就職しました。インターネット金融業ならばその強みを生かし、既存の金融業にはないような仕組みがつくれるのではないかと考えたからです。実際、インターネット金融業界は、日進月歩で進化を遂げています。モノやサービスへの対価としての支払いということでは、スマートフォンやタブレットで決済ができるようになり、紙幣がなくともお金が払える世の中に変わってきました。

現在は仕事をしていくなかで、新しいサービスを考えたりする機会があります。そういうときにいつも感じるのが、アトム通貨に出会ったときの「お金というものに対する疑い」をもつという感覚です。アトム通貨というのは、私にとって既成概念を崩すインパクトのあるものでした。そしてそれだけでなく、大切なことも教えてくれました。それは、「お金を通じて社会をよくする」ということです。

アトム通貨というお金が世の中で回っていることで、「ありがとう」の連鎖が生まれ、その分社会がよくなっていく。金融は経済の血液だという言葉をよく聞きますが、お金が回っていけばいくほど社会が悪くなっていくようなことがあってはなりません。そんな思いをもって金融の仕事に就くことができていることが、アトム通貨の活動に関わったことで得られた最も大きな収穫だと思います。

3 「土地とともに生きる」ために

郷慎久朗（第六期早稲田・高田馬場支部事務局長）

（1）アトム通貨との出会い

「まずは足もとの地域を見てみたら？」

ある日言われた一言が、私のアトム通貨への参加のきっかけでした。もともと新潟で生まれ育った私は、大学で「まちづくり」を学びたいと思い上京してきました。しかし実際の大学生活は、教室の中だけで繰り広げられる講義に退屈する日々でした。

もっと地域の現場で生の声を聞かないと何も分からない、そう考えて悶々としていた一年生の秋にアトム通貨と出会いました。普段なにげなく生活している早稲田・高田馬場。このまちにはどんな人たちがどんなふうに暮らしているのか、それを知りたくて、活動に参加しました。

私が事務局長を務めた第六期は、「知るチャンス、するチャンス」をキャッチコピーにして、まちでもっとわくわくできるきっかけを提供していこうと考え活動してきました。とくに、テーマカラーをオレンジに統一して展開した広報活動や、環境省のエコ・アクション・ポイントモデル事業に採択されたことからはじまった加盟店をあげての「エコロードフェア」など長期にわたるキャンペーン、早稲田祭二〇〇九をはじめとするさまざまな学生の団体とのコラボなど、これまで以上に幅広い層へアトム通貨を知ってもらえるような取り組みに力を入れました。

　そんな第六期は、全国展開に向けた大きな転換期でした。当時、早稲田・高田馬場でのアトム通貨加盟店は一六〇を超え、全国でも数少ない地域通貨の成功例と言われていました。全国各地から自治体関係者やマスコミが視察に訪れ、外部での講演会や取材などで話をする機会が増えました。私も事務局長として自治体の勉強会での講師や、大学のフォーラムでの講演、ラジオ番組への出演など、さまざまな経験をしました。

　そんななかで、徐々に「自分の地域にアトム通貨を導入したい」と言う声を聞くようになりました。最初の本格的な申し出は、埼玉県川口市でした。そこで、実行委員会で話し合いを重ね、従来の組織から、全体を統括する「本部」と、各地域の運営を担う「支部」という体制に見直すことで、地域通貨としては例を見ない、全国展開を果たすことになりました。

　私が所属する組織も、新たに「早稲田・高田馬場支部」となり、「アトム通貨発祥の地」として全国のネットワークを牽引していくことになりました。当時の私にとっては、大人たちと対等に話をしながら、自分たちで活動の規模を次々に拡大させていくことがとても刺激的でたのしかったです。

（2）「一人ひとり」の関係性から

その一方で、これまで早稲田・高田馬場のものだったアトム通貨が、ほかの地域でも流通するようになることに対して、まちの人たちからは疑問の声もあがっていました。しかし私は、活動を広げていくことばかりに気を取られ、そういった足もとの声に気付けずにいました。

そうしたとき助けてくれたのが、一緒に活動する学生事務局のメンバーでした。私が周りを見ずに一人で突っ走ってしまうたびに、メンバーは正面からぶつかってきてくれました。そのなかでもよく覚えているのが、あるとき言われた「みんなって誰？」という言葉です。「みんなのために」、「みんなのことを」とマクロな方向でしか話をしない私に対して、メンバーの一人が、「じゃあそのみんなって具体的に誰のことを考えて話しているの？」と問いかけてきました。

その質問にまったく答えられなかった私は、そのとき初めて自分がミクロな視点で物事を考えられていないことに気付きました。どんなに大きな事業も、「一人ひとり」の関係性からしかはじまりません。物事を進めていくうえでの大切なことを、私はメンバーから学びました。

それ以来、私は原点に返って積極的に地域へ足を運び、とにかく「顔を見せる」ことを心掛けました。日常のお店まわりはもちろんのこと、ゴミ拾い、お祭り、飲み会、さまざまな機会を通じて地域の人たちと交流し、関係性をつくっていきました。アトム通貨の全国展開に合わせて新設されたホームページには、加盟店欄が設けられたため、加盟店の住所、電話番号、営業時間、定休日を一軒一軒聞いて回りました。

すると、「アトム通貨の人」から「アトム通貨の郷くん」と呼んでもらえるようになり、お互いに腹を割って話ができるようになりました。アトム通貨の枠組みが変わる大きな転換期となった一年でしたが、全国に展開していくからこそ、自分たちはこの早稲田・高田馬場のことを一番に大切にしていかなければならないと考えていました。結果的にいいかたちで後輩にバトンをつなぐことができたと思います。

当時は、ＷＡＶＯＣからの補助金が四分の一に減り、それまで使用していたＷＡＶＯＣの部屋も使用できなくなり、定例である実行委員会を、高田馬場西商店街振興組合事務所や手塚プロダクションの会議室、西早稲田のこだわり商店の店内を借りて開催していました。しかし、これで学生としての甘えがなくなり、実行委員会の大人たちとの関係性はさらに深まりました。

また、そうやって関係を深めていくなかで、まちのなかに

第6期のメンバーたち

カッコいい大人がたくさんいることに気付かされました。自分の仕事に誇りをもっている商店街の人たちやアトム通貨を我が子のように育て続ける実行委員会の人たち、本業があるにもかかわらずきらきらした顔でやってくるボランティアの人たちなどです。

みんなこの「まち」という舞台で自分の力を発揮したい、そんなエネルギーを感じる大人ばかりです。そんな人たちと関わっていくなかで、学生だった自分は、大人になるのがどんどん楽しみになっていきました。

(3) 私にとっての「まちづくり」

活動を引退したあとも私は、「まちづくり」と名の付くイベントを見つけては足を運ぶ生活を送っていました。大学四年生のときには、「にっぽん夏祭めぐり」と題して、日本各地のお祭を回ったりもしました。卒業論文では「地域教育」をテーマに、地域のなかでの関わりあいを通じて(自分自身がそうであったように)人が育つことについて考察しました。そのなかで当時の私は、次のように述べています。

「グローバル化する社会の中で、我々は自分自身の価値観やアイデンティティを一体どこに求めていくのだろうか。こういった時代だからこそ、逆に人々は最小単位のコミュニティに心のよりどころを求めていくと私は考える。そこで、ひとりひとりがまずは一市民として、地域に関心を持っていくことが必要である」

「地域活動」というとなんだかとても仰々しいことに聞こえますが、とりたてて特別なことではないと思います。むしろ、大人から子どもまで、一人ひとりがふつうの暮らしのなかで当たり前に地域のことも考えてほしいと思います。そうすることで、社会は少しずつよい方向に向かっていくし、何より自分自身の心が豊かになっていくと思います。これからもアトム通貨がそのきっかけになっていったらいいな、と思います。

卒業後、私は放送局に就職しました。文化事業やイベント業務を主に担当しています。これまでに転勤で大阪、沖縄とまったく縁のない土地で暮らしましたが、行く先々で仕事はもちろん、魅力的な地域活動に（半ば自分から）巻き込まれながら、充実した日々を過ごしています。

今でもときどき、アトム通貨の活動を通じて出会ったカッコいい大人たちの姿を思い出します。どこで何をしようとも、まずはその地域の一員として、「土地を愛し、土地とともに生きる」ことを大切に暮らす。それこそが今の私にとっての、「まちづくり」のかたちです。

4 学生としてのまちづくり論——かぎられた年月のなかで

染谷直人（第七期早稲田・高田馬場支部事務局長）

（1）故郷への思いを早稲田のまちに込めて——アトム通貨との出会い

「地域通貨をやってみたいなら、早稲田にいったらいい！」

高校時代に出場した弁論大会で地域活性化への思いを語る私に、ある大学の先生が仰った言葉です。私の故郷でも商店街は「シャッター通り」となり、強い危機感をもっていました。

大学時代を通し、まちづくりの実践と同時にさまざまな地方の現状を見ようと商店街や農山村を巡りました。しかし、大学一年生の夏に訪れた友人の故郷である長崎県壱岐で聞いた、「島の産業はいかに島外からの収入を稼ぐかだ。かぎられた島内でお金をどう回すかも課題だ」との言葉で、見ているだけでなく、実践者としてまちで学ぼうと思い、学生事務局の門を叩きました。

アトム通貨の活動に参加する前から、まちづくりには興味を抱いていました。しかし、頭で考えることと、まちを歩き、耳を傾け、自分たちの考えも練りこみながら、イベントを企画していくという現実には大きなギャップがありました。うまくいかず、お叱りを受けることもありましたが、何度も足を運んだ結果、イベントで協力をしてもらったこともあります。

また、私が意識して取り組んだことは、「アトム通貨の染谷」でなく、一個人の「染谷」として過ごすことでした。たとえば、加盟店で食事をする際、もちろんアトム通貨の話もしますが、学校での生活や趣味のことなどざっくばらんに話をします。そうやって身近な存在になることで、地域での活動が円滑になっていきました。

(2)「自立」と「学生らしさ」

事務局が自立する、ということは二つのことを意味していました。一つは、普通のことを普通にできる組織をつくるということです。「報連相」を徹底し、「感謝と謝罪」の言葉を口にするよう心掛けました。とくに加盟店とのコミュニケーションでは、何か課題があればその店の担当者とともにうかがい、じっくりと話を聞き、改善すべき点を話し合いました。もう一つは、「事務局運営の金銭面での自立」です。特定の自主財源がないなかで、これまでの広報物への広告協賛に加え、企画・イベントについても企業からの協力を得られないか、ということを具体的に模索していった時期でもありました。

しかし、「自立」をキーワードに動き出した矢先、すぐに壁が現れました。それは、二〇〇九年一二月に実施された、日頃の活動をプレゼンテーションにより競い合う「第七回全国大学生環境活動コンテスト（エココン二〇〇九）」での予選落ちです。予選通過は間違いないと生意気ながら思っていたものの、結果は落選でした。さらに、審査員からの「学生らしい熱い何かが感じられなかった」という言葉が鋭く胸に刺さりました。一体求められる「学生らしさ」や「熱さ」とはなんなのか、私自身、今でも分かりません。

その当時議論を重ね考えた、「自分たちの熱さ」とは、大学生にしかできないことという壮大な妄想の追求ではなく、「目の前の地域で、身近な課題に真摯に向き合い、解決に向けた取り組みをそこに住む人たちと協力し、粘り強く推進する姿勢を示す」ということでした。そして、地道に地域を歩き、活動する姿こそ「カッコイイ」と思わせたいと素直に考えていました。

（3）みずから学ぶ環境シンポジウム——挑戦する心を燃やして

エココン二〇〇九に参加したことにより、自分たちの課題と追求すべきモデルが確立できたこともあり、その実践に動き出しました。それは、コカ・コーラ教育・環境財団に協賛をしてもらい実現した、「みずから学ぶ環境シンポジウム」を核とし、打ち水や川の清掃などのプレイベントをまちのなかで実施するというものです。

そして、「水」に関する環境問題に注目し、「Water Stewardship コカ・コーラの水への取り組み」と題し、日本コカ・コーラ株式会社の柴田充氏を講師に迎え、水をとりまく環境問題の現状を切り口に、同社の取り組みを中心とした講演をしていただきました。また、「未来の子どもたちのために」をテーマに日頃の環境活動を実践する大学生によるパネルディスカッションを併せて実施しました。

プレイベントでは、小中高生、地域住民、大学生と一緒にまちを清掃し、その場で地域の環境調査と環境学習を実施したほか、フェアトレードキャンドルを使用した啓蒙活動、ＬＥＤライトを使ったイルミネーションを作成し、国際問題・環境問題について語る機会をつくりました。さらに、アトム通貨が主催する初夏の風物詩でもある打ち水も実施しました。シンポジウムの前に、環境問題へのなんらかの行動を促す機会を設けることで、受け身の姿勢から能動的なものへと転換を図りました。

イベントの実現に向け、コカ・コーラ教育・環境財団に何度も足を運びましたが、時にお叱りにも似たアドバイスをもらうことがありました。それを支部実行委員会内で共有し、改善していき、企画の採択、実施にこぎつけた達成感は、感慨もひとしおでした。そして何よりも、粘り強く足を使って人の声に耳を傾け企画をつくり上げる、という

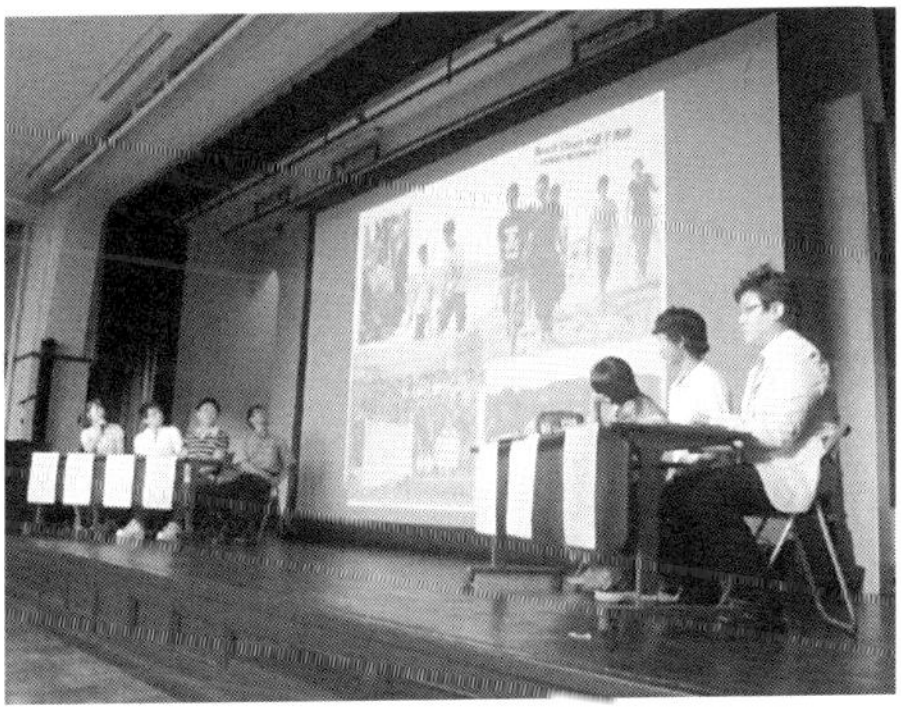

「みずから学ぶ環境シンポジウム」の様子

モデルを確立したことで、結果として地域、企業、学生団体など、多様な人たちを巻き込めたことは、自分たちの大きな自信にもつながりました。

(5) 学生は四年でまちからいなくなる

まちづくりにおける学生の強みとは、「空き時間を存分に活用したフットワークの軽さ」と「若いがゆえに、さまざまな声やモノの見方に耳を傾けられる柔軟性」だと考えます。その強みを活かし、授業と授業の合間を使ったりしながら、社会人が活動できない時間帯を学生がサポートするなど、常にかゆいところに手が届く存在であるべきだと思っています。

また、商店街という一種閉鎖的な空間のなかで、さまざまな考えをもった人の輪に入っていき、耳を傾けることが自分の考えを磨くチャンスだと考えるくらいの心意気でなければいけないと改めて感じています。あくまでも主役は、そこに暮らすまちの人たちなのです。

まちづくりに参加する学生は、あくまでもまちの仕組みがうまく回るようお手伝いをしながら、勉強させてもらっている立場です。そんななか、若者の感性やよそ者的な視点で空回りしても一時的なマンパワーにすぎません。まちに長期的な恩恵をもたらさないばかりか、学生にも何かを学んだというものは残らないでしょう。いっそ、今は社会人になる準備期間なんだという自覚をもって街に飛び込むほうが潔いし、むしろそうあるべきだと考えています。

しかし、私がここで言いたいことは、学生だからとか、四年間だけだといって、受け身でただ謙虚であればよいということではありません。仮に、初めから学生が上から目線で高い理想を振りかざせば、まちの人には受け入れがたいことは容易に想像がつきます。ですから、まちづくりの活動に、足も頭も時間も使いながら地域の人たちに溶け込んでいくなかで、自分の考えや持ち味をじわじわと出しつつ、同じ視点をもつようにして議論していくのです。そうすれば、常に自分に批判的な視座をもちつつ、地域の人たちと共通する視座をもつことになり、自分自身の深みを増すことになると思うのです。

「学生は四年でまちからいなくなる」には、「まちの人や関係者はずっと残っている」という続きがあります。二〇一〇年秋、私が後任の事務局長を探していた際にこう言ったのは、アトム通貨実行委員会本部副会長の石渡正人さんです。自分の後任に上手く引き継げなかった場合、私自身がお世話になったまちの人に迷惑を掛けることになり、元も子もなくなってしまいます。学生がまちづくりに参加するということは、「後輩育成なくして、卒業なし!」なのです。

そして、私は今、日本の農業・農村を支える農林中央金庫の職員として働いています。自分が関わった地域に興味持ち続け、なんらかのかたちで関わり続けることが、その地域に住んでいない私が日頃からできる恩返しであると考えています。いつの日かアトム通貨で学んだまちづくりを実践する日を夢見て、お世話になったまちへの感謝を胸に、日々精進したいと思います。

5 アトム通貨が教えてくれたこと――立場へのこだわりを捨てて見えたもの

落合智彦（第八・九期早稲田・高田馬場支部事務局長）

（1）気が付けばどっぷり浸かっていた地域活性化

最初はまちづくりにそれほど興味はありませんでした。それに大学入学前は、地域活性化に携わるなんて思いもしませんでした。では、なぜそんな私が活動に参加したのでしょうか。

入学当時の私は、社会起業家になるという夢を抱いていました。高校時代までの経験から社会貢献というテーマに興味をもち、大手企業への就職よりもＮＰＯやボランティアに携わりたいと考えていたのです。事業評価の基準を、利益をあげることではなく、いかに社会に影響を及ぼすかに置き、ＮＰＯなどのように助成金や寄付に頼るのではなく、事業収入を得ることで持続的な活動を可能にしていく。そんな社会起業家になりたいという夢を抱き、早稲田の門を叩きました。

入学後、第七期の事務局長で高校の先輩である染谷さんから話を聞いていた私は、アトム通貨の活動にも顔を出していました。イベントなどに出展すると面識のない団体の人たちからも声を掛けられるほど知名度と認知度は高く、学生が事務局を運営していると話すと驚く人ばかりでした。通貨の管理、企画の運営にあたっては、関係者との折衝が欠かせません。関係者が多いがゆえに目が回るような忙しい日々。華やかさの裏にあるその地道さが自分の夢を実現する近道だと考えたのです。「まちづくり」という一言では決して語れないその魅力に知らぬ間にとりつかれ、気がつけば地域活性化にどっぷり浸かっていました。

アトム通貨の活動は、「地域」という側面が強く押し出されますが、私のようにまちづくりに興味がなかった学生も少なくありません。この本を読む学生のなかで、地域活性化に対する専門性や熱意が足りないのでは、と活動に参加することに対するハードルの高さを感じている人がいるとしたら、そんな心配はいりません。動機はさまざまでいいのです。あなたの可能性を広げるのはアトム通貨であり、アトム通貨の可能性を広げるのもあなた自身なのです。

（2）迷惑ばかりかけた第八期――使命感と焦りに駆られた一年

大学二年生のときに、私は第八期の事務局長を務めました。経験不足は否めない状態でしたが、これまでの七年で築きあげたものを壊してはならない、という使命感を抱いていました。そして第八期で取り組んだのが、環境月間です。でも結果は、決して成功とは言えません。前年よりも内容を充実させたいと考え、一か月の間に六つの企画を実施しました。しかし、あれもこれもと盛り込みすぎてまとまりのないものとなってしまったからです。

この年の三月に東日本大震災があり、四月のオープニングイベントは中止となりました。経験不足と使命感の空回りが焦りを増長し、周囲の声に耳を傾けることができず、多くの人にご迷惑を掛けてしまったことを強く反省しています。商店街の人たちにも一方的に企画を押し付けていました。それでもそんな私たちを周囲の大人は見捨てず、手を差しのべてくれました。

夏を終えて一息つき、商店街のイベントや地域のお祭にお手伝いとして参加するなかで、あることに気付きました。目の前の人を笑顔にしたいと取り組んでいたはずなのに、長い間私は目の前の人と向き合うことができていなかったのです。「翌年も事務局長を任せてほしい」と話すと、誰も嫌な顔をせず「落合君、任せたよ。一緒に頑張ろう」と声を掛けてくれました。アトム通貨の活動に携わる大人たちの、学生に対する懐の深さと温かさに自分は育ててもらったのです。

(3) キャンドルYELL企画——「忘れてほしくない」という一言からのスタート

続く第九期では、キャンドルYELL企画に取り組みました。早稲田・高田馬場からできる復興支援として東日本大震災を風化させず、被災地とつながることを目的としました。

実はこの企画、被災された人の想いから生まれました。震災から半年たった夏に、南三陸町から気仙沼市、陸前高田市を訪れました。そこで「震災直後は本当に多くのボランティアに助けていただいた。その数が時間とともに減っていくのは仕方がない。でもここで何が起きたか、現状がどういったものかぜひ多くの人に知ってもらいたい。忘れないでほしい。ボランティアじゃなくても観光でもいいからぜひまた来てください」と言われました。そのとき、震災を風化させてはいけない、今だからこそできることがあるのではないか、という思いを強くしたのです。私たちは悩みに悩み、議論を重ね、一つの結論としてキャンドルＹＥＬＬ企画を構想しました。

キャンドルＹＥＬＬは、第九期一年間を通して実施しました。内容は大きく分けて二つで、小学校や児童館での教室開催とキャンドルナイトです。教室の内容は、東日本大震災の現状を伝えたり防災教育として身近にできる対策を学んだりという前半と、廃油と空き瓶でキャンドルを作製し、そのキャンドルにメッセージを書くという後半の二部構成でした。

一年間で四つの小学校と一つの児童館で計五回開催し、二〇〇名近い小学生たちが参加しました。キャンドルの一つは子どもたちに持ち帰ってもらい、それ以外はキャンドルナイトで使用したため、つくったキャンドルはおよそ五〇〇個にもなりました。

前半の教室で、被災地の現状を伝えたり防災教育を行ったりするにあたっては、震災直後からがれき拾いや泥かきなど、

加盟店に展示されたキャンドル

現地で活動を続けてきたＷＡＶＯＣのプロジェクト、百人町に避難する人たちの心のケアにあたる新宿区社会福祉協議会、そして第２章に書かれている女川支部などが、団体の枠を超えて協力してくれました。子どもたちに東日本大震災の記憶を伝え、被災された人たちの生の声を知ってもらうために、さまざまな立場の人から話を聞いたのです。

また、防災教育は、ＷＡＶＯＣの一プロジェクトである早稲田災害対策学生チーム、早稲田大学西早稲田キャンパスのＷＡＳＥＮＤの協力を得て取り組みました。東日本大震災の教訓から、首都直下型地震が起きた場合に、自分の身をどうやって守るか、被害を最小限に食い止めるにはどうしたらよいかなどを学ぶことで、子どもたちは震災を身近に考えていました。

しかしキャンドルＹＥＬＬ企画は、根本的な課題を抱えていました。東日本大震災を風化させないというテーマで実施しましたが、早稲田・高田馬場支部では現在取り組んでいません。それは、学生事務局はもちろん、協力してもらう団体にとっても本企画への負担が大きいためです。後輩たちにはこの反省を踏まえたうえで、アトム通貨をツールとして、地域を担う学生たちのわ(輪・和)に持続可能性をもたせられるかを考え、実践してもらいたいと思っています。

(４) カッコいい大人を目指して

さて、私は夢に描いていた社会起業家になったのでしょうか。今の私はサラリーマンです。

大学二年生のときに、ソーシャルベンチャーについての研究に携わる人と話をしました。社会起業家を志していることを話すと、「君は何をやりたいのかな。もしやりたいことが現時点でないのだとしたらその夢を叶えることは難しいだろうね」と指摘されました。社会起業家と呼ばれる人は、社会起業家になろうとしてなったわけではなく、変えたい現実が目の前にあって行動に移した結果として社会起業家になったのだ、という話を聞いて、自分はかたちにとらわれ過ぎているのではないかと考えました。

自分の進路に迷っていたとき、西武鉄道株式会社の人と話す機会がありました。その人が仕事について話す姿を見て、企業に勤めても事業を通して社会貢献が実現できるのではないかと思いました。「おもしろい＝携わる人たちはもちろん、お客さまも喜んでくれる、笑顔にできる」という関係性が成り立つことをその人が教えてくれたのです。そして、これはずっと近くで見てきたアトム通貨実行委員会の人たちに通じると気付きました。

立場にこだわらず、おもしろいことを仕掛けてやろうと、常に全力なカッコいい大人に自分もなりたい、と私は心から思ったのです。現在は株式会社西武ホールディングスに入社し、社会人生活をスタートしました。カッコいい大人として目の前を走る先輩方の背中を追いかけ、その横に並び一緒に走れる日を夢見て、日々仕事に励んでいます。

6 一〇年目のアトム通貨と未熟者たちの成長

木野知美保（第一〇期早稲田・高田馬場支部事務局長）

（1）私とまちをつないだアトム通貨

私にとってのアトム通貨とは、まちや人に出会うための懸け橋みたいなものです。それまで「ボランティア」や「地域活性化」、さらにはリーダー的立場には縁がなかった私がまちじゅうを歩き回り、学生事務局長として人の前に立つようになりました。

活動に参加した理由は、「おもしろそう」というシンプルなものです。将来の夢もとくに描けずにいた私は、大学生活では自らの身になる経験を積みたいと考えていました。入学して間もないある日の授業後、ふと立ち寄った大学のボランティアセンター主催のイベントで、アトム通貨と出会いました。店回りや通貨管理、イベント企画といった通貨運営を学生主体で担っているなどブースで熱心に話を聞くものの、初めて聞く言葉や重そうな責任に戸惑いを感じたのは事実です。

しかしそれ以上に、まちに出て多様な人々と関われるという未知の世界への興味は大きく、まずは飛び込んでみようと決心しました。今振り返ると、活動のなかで得た「出会い」が、第一〇期事務局長として携わった「ヒトマチプロジェクト」につながったように思います。

（2）ヒトマチプロジェクト立ち上げ――一〇年目だからできること・やるべきこと

「学生（ヒト）×地域（マチ）＝∞」プロジェクト（以下、ヒトマチプロジェクト）は、第一〇期（二〇一三年）に早稲田・高田馬場支部事務局が立ち上げ、年間を通し取り組んだものです。アトム通貨が築いてきた「出会い」を地域に還元すべく、早稲田大学の社会貢献系サークルや地域で活動するＮＰＯ団体、地元企業に声掛けをして発足しました。具体的には、地域で活動したい団体にはアトム通貨が仲介し、イベントで通貨配布を行ってもらう。また、活動で知恵やマンパワーが必要なときは、ヒトマチプロジェクト参加団体のネットワークを活用し助け合います。

実は、このプロジェクト立ち上げは、険しい道のりでした。第一〇期として今後に活きる大きな取り組みをしたいという思いで何枚も企画書を書くものの、どれもいまひとつ。早稲田・高田馬場支部実行委員会の人たちとの度重なる相談やメールのやり取りの末、やっと固まったのがヒトマチプロジェクトでした。たどり着いた結論は原点回帰。アトム通貨本来の目的は、〝アトム通貨をツールに商店街・学生・ＮＰＯ・公共機関などが手を取り合い、枠を越えた人と人との交流がまちを活性化させ、「ありがとう」の輪がつながっていくこと〟です。その目的達成のため、過去九年間さまざまな団体と関わり、数々のイベントでアトム通貨が配布されました。

しかし、個々のつながりに留まり、単発で終わる取り組みが多々あったのも事実です。実際に他団体から、「早稲田・高田馬場地域でも何かやってみたいがどうすればよいか分からない」という声は今でも聞かれます。こうしたジレンマを解決すべくたどり着いたのが、アトム通貨が他団体と一緒に取り組む事項を分かりやすく大系化することでした。外部団体が参加しやすい器を用意し、その器自体をプロジェクトとして一本立ちさせるという結論に至りました。

そのプロジェクトには、他団体が単独で行う取り組みを地域に広げるために投げ込んでもらうパターンと、集まった団体間のつながりから新たな取り組みを創出するパターンの二つを想定しました。そのためにもプロジェクトの初期段階から学生団体やまちの人たちにも参加してもらい、自分たちのプロジェクトとしての共有意識づくりに努めました。こうして、事務局メンバーが日頃の活動で感じた、「自分がまちとの出会いから得た楽しさをほかの人にも知ってもらえたら」、さらに、「各々が個性を活かしてやりたいことを地域で実現できたら」といった思いを根底にしてプロジェクトがつくり上げられていきました。

（3）もがきながら続けた自分への挑戦

それでは、実際にどのような取り組みが生まれたのでしょうか。まず二〇一三年三月、第一〇期流通開始前にヒトマチプロジェクトの土台づくりに取り組みました。アトム通貨を他団体に配布してもらう際の規約、補助金額などを決めた後、二〇一三年六月に二回にわたる意見交換会「プレセッション」を実施しました。これは、各団体が実際に顔を合わせ、地域でやってみたい取り組みを思い思いに発表してもらうための場です。

このプレセッションには、一〇団体ほどが参加しましたが、活動趣旨はそれぞれ大きく異なります。防災教育、環境保全、国際協力、地域活性化など、一見まとまりのないようにも思えますが、ヒトマチプロジェクトはその多様性、個性を活かすことに注力し、互いに補完できる部分は補い合って地域へ輪を広げたいという取り組みです。

またこのプレセッションは、私自身の一つの転機でもありました。事務局長として議論のテーマ決め、当日の進行を務めましたが、実は人前で議論をリードすることに大いに苦手意識があったのです。ましてや年代も幅広く多様なカラーの意見を大事にしつつ、プロジェクトとして一つの方向性に議論をまとめる必要があります。不安と戦いながら、最後は自分を信じ、みんなに何度も助け舟を出してもらいながら、自らの言葉でプロジェクトへの思いを伝えられたことは、第一〇期の幸先よいスタートとして大きな自信となりました。

ヒトマチプロジェクトのプレセッション

その後、プレセッションで生まれた取り組みから二〇一三年八月、九月に「てらこや」を、一一月には「辛メシフェア」を実現しました。詳細は第2章1の早稲田・高田馬場支部で触れているので（六八ページ参照）、ここでは同年一〇月に開催したシンポジウムについて紹介します。

このシンポジウムは、プロジェクトを外へ発信するためのものなので、学生や一般の人が対象です。「数年間は過ごす早稲田・高田馬場のまちに対し、学生は『学生市民』としての意識をもってもよいのではないだろうか。もっとまちを知り愛着をもってもらいたい。ともに働きかけ、輪を広げよう」というメッセージを込めました。株式会社フジテレビジョンのCSR推進室長を務めておられた桜井郁子さんを招いての講演や、プロジェクト参加団体でもある手塚プロダクションの石渡正人クリエイティブ部部長と国際協力NGOシャプラニールの筒井哲朗事務局長（当時）、そして学生団体の人たちとのパネルディスカッションも実施しました。ここでは、各々の活動場所で重ねてきた社会貢献、そこで感じた面白さを、本音を交え伝えてもらいました。私はこのパネルディスカッションでも進行役を務めさせてもらいましたが、六月のプレセッションでの経験が活きたと感じました。

こうして取り組んできたヒトマチプロジェクトですが、団体間の横のつながりや活動の場をつくれたことは一定の成果があったと考えています。参加団体同士で声掛けし合い、共同企画を実施するケースや、プロジェクトをきっかけに商店街の祭りに初出展した学生団体も見られました。

しかし、学生が四年で入れ替わる点からは逃れられません。人は変われど理念は受け継がれ、地域にプロジェクトの輪が広がれば、という思いは活動に携わった者の願いでもあります。

（４）いま振り返って伝えたいこと・決意

私はすでに活動を後輩へ引き継ぎ、二〇一五年の春からは社会人として歩みはじめます。改めて振り返ると、アトム通貨のない学生生活は想像できません。自らの未熟さと向き合うなかで、濃密な社会勉強をさせてもらいました。ここで得た出会いは、一生の宝物だと断言できます。

「まちづくり」は、ハードルが高いと身構えてしまう学生もいるかも知れません。しかし、私自身は決して大それたことはしていません。まずは先入観を捨て、足を使って多くの人と対話を重ねれば必ず得るものがあります。そして、まちで何かを実践してきた人たちから自慢話や失敗談を聞くうちに、より興味が湧いてくるはずです。さらに継続のためには、自分自身が楽しむことが大切です。実際にまちで活動する人を見ると、好奇心で目が輝いています。出会いを楽しみ、謙虚さを忘れないことで、身勝手でなく広い視点でまちに関われるのではないでしょうか。

私もアトム通貨での経験を胸に、社会人となってもアンテナを高くし、足と頭を使って学び続ける姿勢を忘れません。そしてお世話になったまちへの恩返しのためにも、ヒトマチプロジェクト発起人としても、活動を見守り、時には手を差し伸べられる存在でありたいと思います。

7 ヒトマチプロジェクトを通して「地域」への関わり方を考え、行動した一年

松田北斗（第一一期早稲田・高田馬場支部事務局長）

（1）「地域」に関心をもつきっかけ——地域コミュニティを育み、まちを活性化させる地域通貨

大学に入学した当時の私は、アトム通貨と聞いても聞き流してしまうような学生でした。だから「まちづくり」や「地域活性化」に携わる活動をするなど思ってもみませんでした。そんな私が「地域」に関心をもつきっかけとなったのが、一年生の冬に参加した、大学のボランティア団体が主催する「雪下ろしボランティア」です。

新潟県の限界集落に泊まり込んで雪おろしをしたあと、みんなでわいわい言いながら、おいしいご飯をいただくのです。地域の人たちの温かさに触れることができ、人と人とのつながりの素晴らしさを感じられた一週間でした。それと同時に、このボランティアへの参加は、限界集落という日本の地域問題を肌で感じる機会にもなりました。このときの経験から、「地域活性化」に関わる活動へ継続的に携わるとともに、多くの人とつながりをもちたいと考えていた矢先に、偶然知ったのが「アトム通貨」でした。

（2）ヒトマチプロジェクト二年目

私が事務局長を務めた第一一期は、第一〇期に発足した「学生（ヒト）×地域（マチ）＝∞」プロジェクト（以下、ヒトマチプロジェクト）を軸として、活動を展開することを決めました。第一〇期では数々の企画実施を通して、ヒトマチプロジェクトの土台づくりを行ってきたのですが、それらの企画はアトム通貨が主導するかたちで実施するものが多く、他団体の自主性は発揮されていませんでした。

本来、ヒトマチプロジェクトが目指すかたちというのは、地域で活動したい団体と地域をアトム通貨が仲介し、地域におけるイベントで通貨配布を行ってもらいます。また、活動に際し知恵やマンパワーが必要なときは、ヒトマチプロジェクト参加団体のネットワークを活用し、互いに助け合うというものです。アトム通貨はあくまでもパイプ役であって、ヒトマチプロジェクトの主体ではありません。さまざまな団体が主体的に、ヒトマチプロジェクトという「枠組み」を使って地域で活動する、というのが目指すべきかたちなのです。

他団体の自主性を発揮させるには、ヒトマチプロジェクトへの理解をより深めてもらうことが必要ですが、一番の問題点はほかの人も触れているように、学生が代替わりして充分な引き継ぎが行われていないということなのです。せっかく一年間かけて築いた下地も、継承されなければゼロになってしまいます。そのためにはこちらから積極的に働きかけ、他団体の新しい幹部たちにヒトマチプロジェクトのこれまでの経過と方向性を改めて伝え、賛同してもらうことが大切なのです。

そこで、後につながるような関係性の構築を目的としてまず実施したのが、学生を集めてのブレーンストーミング（集団発想法）、そして、ヒトマチプロジェクトについての意見交換会でした。ヒトマチプロジェクトに関わる人々が実際に顔を合わせ、アイデアを出し合ったり、議論を交わしたりすることがお互いの理解につながり、今後の共同体制の基盤になると考えたのです。ブレーンストーミングは学生のみで実施しましたが、意見交換会は、アトム通貨実行委員会の人や国際協力NGOシャプラニールの人たち、新宿区立戸塚第三小学校の先生たちなど、大人にも参加してもらいました。その際に小学校の先生たちから言われたことで、深く印象に残っているものがあります。

「ヒトマチプロジェクトを今後継続して発展させていきたいのであれば、まずは地道に地域に根差した活動をして地域の人に認めてもらうことが大切。プロジェクトを発展させたいという気持ちが先行して、地域における地道な努力を怠ることがあってはいけない」

これを聞いた瞬間、ハッとしました。第一一期でアトム通貨、ヒトマチプロジェクトをより発展させていきたいという思いが先走って、自分たちのやりたいことばかりに目が向いてしまっているのではないかと感じたのです。

地域活性化、地域貢献を掲げるのだから、自分たちだけで独り善がりにならずに、地域の人たちと近い距離で活動していこうと強く決意しました。このときの経験が、地域の集まりやイベントに可能なかぎり顔を出して、コミュニケーションを大切にしていこうとする姿勢の基礎となったと思います。

（３）ヒトマチプロジェクト・てらこや企画

てらこや企画とは、さまざまな分野で活躍する地域団体、早稲田の学生団体の特色を生かして、小学生対象のワークショップを実施する企画です。この企画は、高田馬場にある新宿区立戸塚第三小学校を借りて実施しました。

実施の準備にあたっては、ヒトマチプロジェクト参加団体との打ち合わせなどを通じて各団体が顔を合わす機会を増やしました。打ち合わせの場では、それぞれがコミュニケーションを取ったり、お互いの活動を理解したりするほか、地域での取り組みについての意見交換をすることを目標としました。

当日は、清掃ボランティア、環境教育、国際協力、地域活性、防災教育といった多種多様な分野で活躍する団体が参加しての実施となりましたが、台風接近により途中で打ち切りとなりました。残念な結果に終わったものの、小学校で実施ができたこと、また、参加団体の人たちに、「ぜひまた一緒に地域の子どもたちを対象にした取り組みをやりたい」と言ってもらえたことは、今後にとって大きな収穫でした。

さまざまな団体が相互に良好な関係を築くとともに、「この地域で何かをしたい」という思いを共有すること、それがヒトマチプロジェクトの原動力なのです。ばらばらに存在する団体を「地域」という軸をもって、一つの「輪」にまとめ、その「輪」をどんどん広げていく。まだ発足して二年目のプロジェクトですが、今後も継続して地域によい影響をもたらす大きな可能性をもっていると思います。

（4）活動を通して得た気付き

自分の好きなこの地域を活性化させたいという思いで、ビジョンを掲げ、頭をひねり、周囲の人々と意見を交わして、最終的にそのアイデアをイベントというかたちで実現させる。

環境ロドリゲスによるワークショップ

私にとって、これほど魅力的でやりがいのあることはありません。しかし、アトム通貨の事務局長としてこれがしっかりとできていたかと言われれば、決してそんなことはありませんでした。アイデアを考えても実現に至らず中途半端なまま終わってしまったり、地域の人との意思疎通が取れておらずトラブルを起こしてしまったりと、至らない点を反省してばかりでした。

ただ、こうした経験を通じて「自分が今できていないこと」を自覚できたことには、大きな意味がありました。商店街、企業、ＮＰＯなど多くの団体が関わり、責任の伴う活動だったからこそ、「何がいけなかったのか、どのように改善していけばよいのか」を真剣に考えることができたのです。この経験から得た反省を、今後の自分の行動へと反映していくことが、これまで迷惑を掛けてしまった人や、真摯にアドバイスをくれた人たちへの恩返しになると思っています。

アトム通貨の学生として地域に根差した活動を行いながら、早稲田・高田馬場地域を走り回ったこの経験は、私にとって何にもかえがたいものです。大学を卒業すれば「アトム通貨の学生」としてではなく、「社会人」として地域に向き合うことになります。場所や立場は違っても、アトム通貨での経験や、活動を通して考えたことは、将来に必ず活かせると確信しています。

8 私の想い出の店① もちだ酒店

伊東美香（第六期早稲田・高田馬場支部事務局副事務局長）

　私が副事務局長を務めた第六期は、事務局と商店会のつながりを深めようと、地域のお祭りやイベントなどの裏方仕事を積極的にお手伝いしていました。その日もワセダグランド商店会のビンゴ大会を手伝い、終了後に神社で行われた打ち上げに呼ばれました。その席で、当時ワセダグランド商店会の会長だった望田さんから、「君、アトム通貨の子なんだって？　土曜日、ひまだろう？」と声を掛けられました。私はてっきり来週の予定を聞かれているのだと思い、「はい。ひまです」と答えると、望田さんが笑って、「じゃあ、うちのバイトは決まりだ」とおっしゃいました。

　ひょんなことからアルバイトに採用され、毎週土曜日はもちだ酒店のレジ担当になりました。黄色いエプロンをして外を歩いていると、友人に「何してるの？」と笑われたりしま

もちだ酒店

したが、私はこのアルバイトが大好きでした。なぜなら、もちだ酒店は人の交差点だったからです。アルバイトは応援団や早稲田祭スタッフなど、地域との関わりを深めたいと思っている学生が中心で、よく共通の話題で盛り上がりました。そして望田さんは、早稲田地域限定のオリジナル地ビールを発案するなどまちの中心的存在で、いろいろなことを教えてくれました。今でも印象に残っているのは、「ゼロ戦にはゼロ戦の闘い方がある」とおっしゃったことです。

もちだ酒店は大量仕入での安売りや、二十四時間営業ができる訳ではありません。それでも地元の人たちに愛され繁盛しているのは、お客さんのことを考えたサービスを心掛けているからだと思います。社会に出れば当たり前のことかもしれませんが、当時は学生で、与えられたことを「こなす」ことでいっぱいだった私にとって、望田さんの想像力と段取り力は感動的でした。

今回、もちだ酒店のことを寄稿するにあたり、久々に望田夫妻に会いに行きました。お店も、お二人も全然変わっていなくてとても安心しました。望田さんはもう古希を迎えられるそうですが、「土曜日ひまか？って聞いたとき、メイドのコスプレしてたな」など、私も忘れていたことをたくさん覚えておられ驚きました。早稲田大学にもたくさんの想い出がありますが、校舎も新しくなり、学生も入れ替わり、なんとなく「知らない早稲田」になっていました。でも、もちだ酒店には「変わらない早稲田」があり、アトム通貨での活動を通じて帰れる場所ができたことを改めてうれしく思いました。

9 私の想い出の店② クリーニングショップ郡司

飯田貴也（第七期早稲田・高田馬場支部事務局広報）

クリーニングショップ郡司は、創業五〇年の実績を誇るクリーニング店です。店回りでうかがうと、忙しいときでも笑顔でハキハキと対応してくださる、非常に協力的な加盟店です。そんなクリーニングショップ郡司との関わりではよい思い出が多いのですが、唯一、忘れられない大失敗があります。

流通開始前の四月、事務局の広報担当だった私は、新しいデザインの通貨とガイドブックを両手に抱え、嬉々として加盟店回りをしていたところ、郡司さんから携帯電話に着信がありました。「ガイドブックなんだけど、うちのお店の名前が間違ってるんだよね……」。すぐにガイドブックを開くと、確かに「郡司」が「群司」となっており、明らかな誤植でした。その場では、「申し訳ございません」と平謝りし、すぐに学生スタッフで緊急会議を行い、対応策を検討しましたが、

クリーニングショップ郡司

予算の問題から刷り直すことは難しく、シールで訂正して再配布することになりました。

　翌日、私はどのように謝罪しようか思案を巡らせながら、ガイドブックを持ってお店にうかがうと、郡司さんは意外な反応でした。「次から気を付けて。でも、対応が早いね」と、怒るどころかむしろ励ましていただいたのです。アトム通貨や加盟店の顔であるガイドブックのミスは、広報担当として責任を感じる、とても悔いが残る出来事です。しかし、郡司さんの「うまくいっているときよりも、こういう失敗したときにどう誠意をもって対応するかのほうが大切だよ」という社会の先輩としてのアドバイスは、私の教訓として、今でも胸に深く刻まれています。

　アトム通貨実行委員会会長の安井潤一郎氏は、「まちでは『失敗』と書いて『経験』と読む」と言っています。そして、「失敗を恐れず、どんどんチャレンジしていこう」とも。私はこの言葉に背中を押され、「アトム通貨という貴重な機会を活かして、早稲田・高田馬場をフィールドに社会実験してやろう！」といった気概をもち、今振り返ると少々生意気なくらい前のめりの姿勢で、チャレンジを続けてきました。そのチャレンジに比例して、クリーニングショップ郡司でのエピソード以外にも、数々の失敗をしています。

　しかし、こうした学生の失敗を温かい目で見守り、時には厳しくご指導いただき、それでも次の挑戦を後押しし、協働してくれたまちのみなさまには、感謝の気持ちでいっぱいです。アトム通貨における挑戦と成長の機会は、間違いなく私にとってかけがえのない財産となっています。

10 私の想い出の店③　茶のつたや

貫井美佐（第九期早稲田・高田馬場支部事務局広報）

秋が過ぎ、先輩たちが引退し、店回りのエリア責任者になったのですが、人見知りの私は、お店に入るのもひと苦労、外から様子をうかがい一呼吸。緊張しまくりでした。

少し慣れた頃、東日本大震災がありました。地震のあと、心配になって担当店を回るなかで茶のつたやさんにうかがうと、「心配して来てくれたのね。ありがとう。あなたも大丈夫だった？　もし家に帰れないときはいつでも来てね」と温かい言葉をもらい、高田馬場にも家族がいるのだと、とてもうれしくなりました。それ以降、お店の人との会話や買い物など、店回りは私にとって楽しい癒しの時間になったのです。

茶のつたやさんとの取り組みで印象的なのは、梅雨の時期に行った「ありがと傘（さん）」プロジェクトです。鉄道会社の協力で、忘れ物の傘を提供してもらい、突然雨が降って

茶のつたや

きたときにお客さんに貸し出し、後日、返してもらったときにアトム通貨を渡します。お店にたくさん傘を置くため負担がかかりますが、つたやさんは快く協力してくださり、「お客様が本当に助かって喜んでいたよ」とうれしい感想を聞かせてくれました。この時期はお店に行くたびに大量の傘を抱えていたため、店主さんが笑いながら「重かったでしょう、大丈夫?」と心配してくれました。そのときに、ご褒美でもらった美味しい抹茶ソフトクリームは元気の源でした。

今でも、「美佐ちゃんはいつもたくさんの荷物を抱えていたね」と言われ、通貨や傘やなど、両手いっぱいの荷物を持って早稲田通りを歩き回っていた現役時代が懐かしくなりました。

大学三年生の後半を迎えると事務局から引退する時期です。そんなとき、茶のつたやさんから、アルバイトのお話をいただきました。大好きなお店でアルバイトができるなんて夢のようでした。現役を引退し、大学を卒業し、大学院に進学した今でも続いています。卒業式のときは一番に袴姿を見てもらうなど、茶のつたやさんは私の大切な心のオアシスです。また、加盟店目線でアトム通貨と関われるのも貴重な経験です。通貨を渡すときや使うお客様への接客は、うれしくて会話が弾みます。そして、店回りにくる後輩を見ると微笑ましくなります。アトム通貨が人と人との懸け橋になっていることを実感して心がぽかぽか温かくなるのです。

縁あってめぐり逢ったまちが自分の愛するまちになる、これは簡単なことではありません。アトム通貨に入って生まれたつながりは私の一生の宝物です。

11 私の想い出の店④　イル・デ・パン

松浦里紅（第一〇期早稲田・高田馬場支部事務局広報）

早稲田鶴巻町にあるイル・デ・パンは、イタリアン×ハワイアンのレストランで、白井さんご夫婦が経営しています。

とくに印象に残った取り組みは、第一〇期に実施した辛メシフェアです。地元団体が栽培した内藤とうがらしを用いて、アトム通貨加盟一〇店舗でオリジナル料理を販売するといった内容でしたが、白井さんはこのフェアへの参加を快く引き受けてくださいました。そして「野菜をたくさん入れたほうが見た目もきれいだね」とレシピにこだわり、「料理の写真はこういう角度で撮ると美味しそうに見えるよ」、「メニュー紹介は見やすいよう大きめの紙に印刷をして壁に貼り出そう」と広報物にもアドバイスしてくださいました。

私たち学生が出す企画の細部にまで気を配り、真剣に取り組んでくれました。白井さんご夫婦の言葉は、長年の経験に

イル・デ・パン

裏打ちされたプロの視点から発せられるものです。自分たち学生とは異なる、飲食店経営者の意見により、企画がよりよいものへと磨かれる過程を肌で感じました。

その白井さんが実行委員長を務める鶴巻町フェスティバルは、深く記憶に残っています。受付でブース番号を案内する際、とある出店者に間違った番号を伝えてしまい混乱を招いたのです。出店者が血相を変えて受付に飛んできて「いったいどうなっているんですか！」と私たちに尋ねました。「車で品物搬入しているから移動できませんよ！」とも。「申し訳ございません」とひたすら謝る私たちに代わって、実行委員会の人たちが解決してくださったのですが、そのときは自分の無力さを痛感しました。

イベント終了後に白井さんに謝罪したところ、「学生さんたちは次々に卒業していくけれど、そのなかで信頼関係を築かないとね。だから、今回の苦労や反省を、後輩たちにしっかり引き継いでほしい。お祭りはシステムじゃなくて人ありきだからね」とアドバイスされました。

この温かいお叱りと励ましを受け、同じ過ちを繰り返さないようイベント後のミーティングで反省点と改善策を挙げ出し、自分がアトム通貨で味わった悲喜こもごもについて、これ以降いろいろな場で後輩たちに話し伝えました。そのかいあってか、後輩たちが中心になってからの鶴巻町フェスティバルに遊びに行ったとき、「今回の受付対応はパーフェクトだったよ！　きちんと引き継げてたね」とお褒めの言葉をもらったのです。このときの喜びは忘れられません。

付録2 社会と大学をつなぐ

山口博之（早稲田大学国際部学生支援担当課長）

二〇〇二年四月に、早稲田大学ボランティアセンター（ＷＡＶＯＣ）は設立されました。その前年に、高名な日本画家である故平山郁夫先生から絵画「三聖人　平和の祈り」の寄贈を受ける話が浮上し、奥島孝康総長（当時）と平山先生が会われた際に、平山先生の国際的社会貢献活動（文化財赤十字構想を提唱）の精神を大学が受け継ぎ、ボランティア活動を通して社会に貢献していく組織をつくることで合意したのがＷＡＶＯＣ設立の契機です。

早稲田大学には以前からボランティア活動を熱心に取り組む複数の学生サークルがあり、一九九五年の神戸の震災のときにも多数の学生がボランティアとして被災地にかけつけるなど、もともとボランティア活動の素地はありましたので、ボランティアセンターの設立は自然の流れだったのかもしれません。

ＷＡＶＯＣ設立時の基本構想にはいくつかの柱があります。これまで日本国内になかったタイプの大学付属のボランティアセンターをつくること、早稲田大学の学生に限定せず社会に開かれたものとすること、インキュベーション（孵化）機能をもたせること、地域のボランティアセンターとの差別化などです。早稲田大学は、かねてより門のない、社会に開かれた大学として有名です。創立当初より、校外生を対象に『早稲田講義録』を刊行したり、『巡回講話』を行うなど、大学の教育・研究成果を社会に還元してきた歴史があります。その伝統は、一九八一年に開設されたエクステンションセンターに引き継がれ、生涯学習機関として今に至っています。私はエクステンションセンターの職員であった時期があったので、ＷＡＶＯＣ設立時も象牙の塔ではなく、社会とつながった機関にすることを目指しました。

　ここで、私と早稲田大学周辺の商店街との関係を少し辿ってみましょう。話は、私がエクステンションセンターに配属となった一九八八年に遡ります。その年の夏に、商店街のみなさんとアメリカ西海岸の商店街を視察するという企画が立ち上がり、私も同行させてもらったのです。総勢二十数名でロサンゼルス（カリフォルニア大学ロサンゼルス校、南カリフォルニア大学）とサンフランシスコ（カリフォルニア大学バークレイ校）を訪れました。そのときに知り合った商店主のみなさんとは、その後も懇意にしてもらい、商店街と大学はどちらかが欠けてもいけない共存共栄関係にあるのだということを体感しました。

　さて、ＷＡＶＯＣを立ち上げ、その活動フィールドとしての「社会」を私は広くとらえていました。地元の新宿区は当然、活動対象地域ですし、所沢キャンパスのある所沢市やセミナーハウスがある新潟県松代町（現十日町市）、沖縄の離島、遠くは東南アジア、アフリカをはじめ全世界がフィールドだと考えていました。実際に早稲田大学の学生は、さまざまな国・地域に出掛けています。そして、そこで手助けを必要としている社会問題の種を見つけ、学生でも参画可能な活動を開拓し、いくつものボランティアプロジェクトを立ち上げました。その当時、日本全国を見回しても、このように国内外で取り組みを展開している大学のボランティアセンターはありませんでした。

WAVOCでの活動は、社会のために役立つことと、その活動を通じて学生が成長するという二つの要素を重要視しています。私はそれを「教育的社会貢献活動」と名付けました。実社会との接点をもちながら学生は活動を行います。活動するための資金調達、持続的な組織運営など、学生たちは就職して社会に出る前に貴重な実践的社会経験を積みます。ときに学生の甘さが出て関係者からお叱りを受けたこともありましたが、WAVOCの活動は社会を学び、社会に鍛えられながら少しだけ社会にお返しをする、大人として成長してゆく取り組みでもあるのです。

こうした実社会とのつながりを在学中にもてることで、W

アフリカでも活動しているWAVOC

ＡＶＯＣの活動はサークル活動とはひと味もふた味も違うぞということに学生が気付き、自分を鍛える目的で志願してくるケースが増えました。ＷＡＶＯＣは社会と大学をつなぐインターフェイスの機能をもつ機関となったのです。

社会貢献活動は自己満足であってはならず、あくまでも対象者のニーズがまずあり、それにどうやって応えていくかという図式が必要です。アトム通貨をはじめる場合も、地域のみなさんにとって必要とされなければできませんでした。社会と大学の関係がＷＡＶＯＣ設立によってさらに深まってきたことも背景にあったでしょう。発案者の一人である松田卓也氏（当時、ＷＡＶＯＣ契約社員）のビジョンと情熱、商店街店主たちの進取の精神、鉄腕アトムのライセンスをもつ手塚プロダクションとの協働など、いろんな要素が奇跡的にからみあって船出できたアトム通貨ですが、大学と社会（商店街、地元ＮＧＯ、手塚プロダクション、新宿区）が良好な関係にあったからこそスパークできたのだと思います。詰めの甘い学生たちの発案を応援し、育ててくれる素地が早稲田・高田馬場地域にはあったのです。

アトム通貨を通じて社会と大学の関係がさらに深まることを期待し、地域のみなさまにはこれからも学生を叱咤激励してほしいと思います。そしてこの場を借りて、アトム通貨を生み出し、育んでくださったすべてのみなさまにあらためて御礼申し上げます。

第 5 章

座談会　アトム通貨秘話
——誕生から全国展開

司会　日高海（手塚プロダクション）
参加者　安井潤一郎（アトム通貨実行委員会会長）
山口博之（元 WAVOC 事務長）
石渡正人（手塚プロダクション）

高田馬場駅ガード下の壁画　ⓒTezuka Productions

アトム通貨の誕生は、高田馬場と手塚プロダクション、早稲田大学と周辺商店街というそれぞれの親密な関係と、時代性やいくつかの偶然、そして少し大げさに言うなら運命による導きがもたらしたものです。設立から一〇年以上が経過した現在、当時の記憶が曖昧になる前に、主要メンバーが集まり、アトム通貨黎明期にかけたそれぞれの思いを熱く語りました。

WAVOCの提案、手塚プロダクションの提案、受ける商店街の思惑など、アトム通貨が誕生した経緯を当事者たちの肉声で振り返ります。また、全国展開に至る経緯や、大学、企業、商店会といった異業種による協働の苦労など、それぞれの立場からアトム通貨とまちづくりについて語ります。

平山郁夫と手塚治虫

司会　まず、山口さんにWAVOCとして、地域通貨に取り組むようになった経緯をうかがいます。それと併せて、WAVOCの簡単な紹介と、地域通貨に関わることに、どのような狙いと期待があったのかをお聞かせください。

山口　WAVOCの正式名称は早稲田大学平山郁夫記念ボランティアセンターです。平山先生の名前を冠して、先生の国際的社会貢献活動精神を受け継ぎ、ボランティア活動を通して社会に貢献するセンターを目指して、二〇〇二年四月にスタートしました。

ＷＡＶＯＣは国内だけでなく、アフリカ、アジア、アメリカなどいろいろな場所でボランティア活動をしていますが、私の知るかぎり、大学のボランティアでここまで広い範囲で活動しているのは、ＷＡＶＯＣだけだと思います。

　開かれた組織を目指し、一八歳以上なら他大学の学生や社会人でも参加ＯＫで、今まで光が当たらなかった活動にも支援して育てることをしています。これはインキュベーション（孵化機能）というものです。はじめたときは専任の職員が私一人だけの小さなセンターでしたが、いろいろなことに取り組んできました。

　そして、二〇〇二年の一一月ごろ、アトム通貨の発起人の一人になる、松田卓也君がＷＡＶＯＣを訪ねてきました。アフガニスタンから帰国して、現地の人が掘った井戸の水を持って大学へいきないりやって来たのです。

　実はこの前年（二〇〇一年）に、アメリカで九・一一[1]

座談会の参加者。左から、安井、山口、石渡。

があり、私たちも、アフガニスタンの復興支援に力を注ぎたいと考えていました。そこで、アフガニスタンの情報を集めていた時期でした。そこへ松田君が訪ねて来たので、彼からいろいろアフガニスタンの情報を聞くことができました。なかなか面白い男だったので、当時、無職だった彼をウチでアルバイトしないか？　と誘いスタッフとして働いてもらうようになりました。

松田君は、アフガニスタンのための活動を希望したのですが、外務省から渡航制限が出されていたので、別の活動にシフトしました。そして地域で何かできないかを検討し、地域通貨やフェアトレードなら学生たちも関われると考えたのです。

二〇〇三年に松田君から、高田馬場と早稲田に地域通貨を提案したいと相談がありました。そのときはまだ、アトム通貨というかたちになっていませんでした。ただ高田馬場は手塚治虫先生と関係が深く、松田君と手塚先生が大阪府立北野高校の出身だったことや、高田馬場駅のガード下に手塚キャラクターの壁画があり、松田君の頭のなかで手塚先生と地域通貨がつながっていったのかと思います。

司会　次に、同じように手塚プロダクションとして地域通貨に取り組むようになった経緯を、地域との関わりや期待したことも交え、石渡さんにお聞きします。

石渡　手塚プロダクションは、ご存じのように高田馬場に事務所があり、手塚治虫の生前から、高田馬場西商店街をはじめ、周辺地域とは親交がありました。手塚が亡くなったのちも、地域の人たちが中心になり、東京都や新宿区にかけあい、高田馬場駅前の高架下に手塚キャラクターの壁画をつくるなど、親交は続いています。

ほかにも二〇〇三年のアトムの誕生日をきっかけに、ＪＲ高田馬場駅の発車メロディが、「鉄腕アトム」のテーマ曲に変更され、誕生日を祝って、アトムの仮装パレードが大々的に行われるなど、まちぐるみで応援していただいています。こうした関係のなか、われわれも地域へ何か恩返しようと社内で話し合われるようになりました。そんな矢先、金曜の夜に仕事を終えて一杯やって帰る社員が、商店街の人たちが壁画を水拭き清掃している場面に出くわしたのです。それを目の当たりにして、地元企業として地域貢献しなければとの思いはより高まっていきました。

またそれとは別に、手塚治虫は子どもたちの未来を危惧して、マンガやアニメを媒体にメッセージを送り続けてきました。子どもたちの夢と明るい未来を守っていくことは、手塚の思想を引き継ぐ私たち手塚プロの社会的使命でもあります。

（1）二〇〇一年九月一一日にアメリカでおきた同時多発テロ。

近年、子どもたちが犯罪に巻き込まれるケースが増えていますが、地元の商店と子どもたちが仲良く交流ができたら、少しでも犯罪に巻き込まれる子どもを減らせるのではないかと考えました。商店街の人たちと子どもたちが一緒に地域の清掃を行い、顔なじみになれば登下校を含めサポートできます。そしてたどりついたのが、地域通貨でした。当時、地域通貨が話題になっていて、社内でも地域通貨を研究した結果、ぜひこれを高田馬場でやろうとなったのです。

翌年（二〇〇四年）の三月から、高田馬場のＢＩＧＢＯＸに「十万馬力」というキャラクターショップをオープンさせる予定にもなっており、そのプロジェクトの責任者であった私が、二〇〇三年の一〇月中旬に高田馬場西商店街の飯田さんを訪ね、同じ商店の目線から地域通貨を提案しました。そのときに言われたのが、「ちょっと前に早稲田の人が地域通貨の話をしてきたけど、よく分からないから保留にしている」ということでした。その早稲田の人というのが松田君で、それなら一緒にやろうと、飯田さんの紹介で彼と会ったのが、一〇月の終わりでした。

山口博之（元 WAVOC 事務長）

面白そうだからはじめただけ

司会　飯田さんの仲介で、石渡さんと松田さんが引き合わされたことが、第一歩となりましたが、そこからどのように進んでいったのか、石渡さんにうかがいます。

石渡　私に比べ松田君は、ボランティアへの造詣が深かったですね。最初に彼がもってきたプランはアトム通貨ではなく、「ガラスの地球を救え！高田馬場・早稲田地域通貨」というもので、手塚治虫の著書のタイトルを地域通貨の名前にし、通貨の単位はアース、そしてその理念やシステムがアースデイマネー(2)に近い点が少しひっかかりました。初めにほかの名前の地域通貨を早稲田商店街へ提案したそうですが断られ、少し時間をあけ、高田馬場西商店街に「ガラスの地球を救え」通貨を提案したそうです。

彼は、社会貢献を推進し、参加するボランティアたちに地域通貨を配り、地元商店街で使ってもらおうと考えていました。彼の案をベースにし、私が自分の意見として強くこだわったのが、「アトム通貨」という名称と、四月七日を流通開始日にすること、通貨のデザインやブランディングは手塚プロダクションに任せてもらうことでした。

それ以外にも、この通貨をボランティアマネーに留めたくなかったので、商店街でも配布

（2）二〇〇一年に渋谷を中心にはじまった特定非営利法人アースデイマネーアソシエーションが発行する地域通貨。

したいと考えました。キャラクターショップ「十万馬力」のオープンも控えていたので、お店で配ることには強い執着がありました。

司会　山口さん、松田さんからこうした状況報告は受けていましたか？

山口　もちろん聞いていました。彼は、ＷＡＶＯのスタッフです。はじめて立ち上げる案件なので、その都度相談を受けていました。そこで聞いたコンセプトは、地域でした。私自身は、高田馬場西商店街の人たちとつながりはありませんでしたが、早稲田のほうは大学と商店街が密接な関係です。

松田君が、商店会連合会の代表だった清水さんに会いに行ったけれど、だめだったことも聞きました。そして、今度は高田馬場に提案する相談も受けました。そのときは、細かい情報やアイデア、構想をもっているのは彼なので、報告はしてほしいけど、基本的に単独で動いていいと言っていました。だから一人で石渡さんに会いに行ったのでしょう。

司会　そしてアトム通貨の話をもちかけられた商店街ですが、反対意見もたくさんあったと聞きます。安井さんはどのように受け止めて参加に踏み切ったのですか？　ほかの商店の反応やアトム通貨に魅力を感じた点など合わせてお話ください。

安井　早稲田のまちは、大学を中心に七つの商店会があります。当時は、六つでしたが。その商店会連合会の会長が、先ほど話に出た清水さんでした。月に一度、各商店会の会長が集まって会合を開きますが、私はその会には出席してなかったのです。そのとき早稲田商店会の事務局長である久保さんが、会合に早稲田大学の松田さんって人がきて、地域通貨の話をしたけど、各会長は聞く耳をもたなかったと言うんです。このとき彼はすでに石渡さんと会ったあとだったのでしょう。地域通貨の名前はアトム通貨でした。

実は、早稲田の商店会は昔、「エンゼル」という地域通貨を導入し、それがうまくいかなかった経験があったので、まるで相手にしなかったのです。松田くんの一回目の提案が断られたのも、この件があったからです。でも今回の提案について久保さんは、「昨日の地域通貨の話は、面白かった」と言いました。それで私に、「松田さんに会ってもらえませんか」と言うので会うことにしました。松田君と話すと、環境とかなんとかってお題目を言うので、「我々商店会は、商売なんだから儲かってなんぼだよ」って返したんです。でもその反面、私のなかでは、アトムを使って商店会活性化のツールになるだけでもやる意味があると思いました。だから、「ウチの商店会はやるよ」って言いました。

そのときに松田君が、「ほかの商店会はどうしますか？」って聞いてきたので、「安心しろ！　ウチがやれば、みんなやるよ」って言ったんです。

私たち早稲田の商店会でも、高田馬場西商店街の飯田さんはよく存じ上げていました。私にとっても大先輩ですし、もし、そこからの話だったらやらないといけないとなったかもしれませんが、このときは単純に面白そうだからはじめたんです。

異業種ではなくアトム通貨をやる人たちの集まり

司会　ここにいる三人に、先ほどから話に出ている、高田馬場西商店街振興組合理事長の飯田さん、WAVOCの職員で第一期、第二期アトム通貨事務局長になった松田さんを加えた五人で実行委員会がスタートしたわけですが、企業と大学と商店会というまったくの異業種が集まって一つのことをはじめるには、考え方も背負っているものも違い、お互いが納得して同じ方向へ向かうのが大変だったと思います。

実行委員会でのご苦労などをそれぞれにお聞きしたいのですが、まず、安井さんにうかがいます。安井さんはアトム通貨以前にも商店会の枠を超えて、さまざまな活動をされていますが、こういった異業種が集まって実行委員会を運営していくうえでのご苦労や、かじ取りで注意すべき点などお聞かせください。

安井　異業種という話が出てきましたが、確かに大学とまちの小さな商店、それに手塚プロダクションということで言えば異業種ですが、そういう感じはしませんでした。私のなかでは、アトム通貨をやる人たちの集まりという認識でしたね。

ただ、WAVOCも商店街も手塚プロも、自分たちがいるからアトム通貨ができるんだとそれぞれが思っていたことでしょう。商店街と一口にいっても高田馬場と早稲田では違うわけで、高田馬場のほうが、商店街として大きいんです。しかし、高田馬場は住民がどんどん減ってきて、治安も悪くなり、飯田さんや商店街の人たちは、もう一度地域コミュニティに目を向けた時期だったのだと思います。

異業種の協働という話でいえば、ウチ（商店街）が中心になってアトム通貨を運営するから、大学と手塚プロダクションはサポートしてくれればいいっていう考えはまったくなかったからよかったのだと思います。

以前、早稲田大学の構内を使ってイベントをしたとき、商店主たちは忙しいから、学生さんに手伝ってもらうことにしました。すると、学生さんが前面に出るから商店主は何もしなくなる。当日ちょっと顔を出したらそれでいいみたいな感じです。そのとき私は、学生たちに「あなたたちは、目立ちたいのか？　それとも考えていることをかたちにしたいのか？」って聞きました。すると学生たちは、「自分たちが考えていることをかたちにしたい」と言うので、私は、「それなら君たちは、後ろに下がりなさい」と言ったのです。商店

安井潤一郎（アトム通貨実行委員会会長）

主たちを前面に出して責任をもたせることで、大学も警察も消防も動きやすくなる。それが、異業種がうまく協働していくコツじゃないでしょうか。

司会　そして山口さん、ＷＡＶＯＣから見るとたくさんの学生がボランティアとして関わるわけですから、責任も重大です。事務局も運営しなければならない立場から、異業種による実行委員会とは、どんなものだったのでしょう。

山口　アトム通貨実行委員会の事務局長に松田君を据えることに、実行委員会から承認いただけたことは幸いでした。ただ、松田君は少し変わった人物ですし、社会人としての経験もなく年齢的にもまだ二〇代半ばで、周りの人に迷惑を掛けたらいけないと思っていました。

その後、学生がどんどん活動に関わるなかで、彼らが商店を訪ねて参加協力を求めたり、プロジェクトの説明に行ったりします。そのときに失礼な言い方をしたんじゃないかと今振り返ると思いますね。実際に地域の方からお叱りを受けたこともありました。当時、学生たちには地域の方々と協力してやっていくうえで、きちんと自分で責任を取れることをしないとダメだよと言っていました。

司会　企業にとっても最近ではＣＳＲ活動が浸透してきましたが、地域の活動に参加する企業として、この実行委員会はどのような場だったのでしょう。

石渡　商店のみなさんとお付き合いさせてもらうなかで改めて感じたことは、一人ひとりが経営者だということでした。私はサラリーマンだから、経営者の人たちとは背負っているものが違います。みなさん強いなと実感しました。

絶叫、絶叫、そして腹をくくる……

司会　三人にうかがいます。実際に流通前の実行委員会ではどのような話し合いが行われ、また、そこで出された問題点はどのようにして解決してきたのでしょうか？

石渡　当時、もうこれ以上一緒にはやっていけないなと思った言い争いがありました。そのことはよく覚えています。それまでも、私と松田君の間で白熱した議論を交わしていたのですが、通貨を配布する原資の件に関してはお互いが一歩も引かなかったのです。実行委員会の場で激突したのでお二人も覚えていると思います。

松田君は、プロジェクトで地域通貨を配る費用は、実行委員会で負担する考えでした。そのためにアトム基金をつくり、寄付を募るという意見でした。それに対して私は、プロジェクトの主催者が通貨の配布金を負担すべきだという意見でした。話が平行線でまとまらないことにしびれを切らした私が、松田君に「都合よく寄付が集まらなかったらどうする？　そのときは破綻するぞ」と追い詰めたら、彼が、「そのときは、僕が負担します」と絶叫したんです。すると山口さんが、「そんなことするな！」って同じように叫んだんです。

その張り詰めた空気のなかで安井さんが、「そうなったらここにいる実行委員会の五人で割ろうよ」って、「ここまできてやめることはないんだから五人で分担しよう。仮に一〇〇万足りなくなっても五人なら一人二〇万じゃないか」って話されたんです。

安井　そんなこと言った？

山口　確かにありましたね。私も覚えています。

石渡　言いましたよ。分裂もやむなしと思ったところ、その一言で私も腹をくくったんです。結局お互いの主張を取り入れて、WAVOCから補助金も出ていたので、学生たちのプロジェクトでの配布費用は、実行委員会負担ということになりました。

実行委員のメーリングリストで、こういうプロジェクトが提案されたと共有し、四八時間以内に誰からも反対意見が出なければ、そのプロジェクトに実行委員会がお金を出すことになり、商店街のプロジェクトは実行委員会からでなく、主催者本人が通貨の配布費用を負担することに決定しました。

安井　今思い出すと、最初のWAVOC所長の奥島総長から、絶対に学生にお金を触らせないでくれと言われていました。経営はいいけど、お金の責任を取らせることだけはしないでと言われていたので、赤字のときは発起人で責任を取ろうと言ったんでしょうね。

アトム通貨は、どこで買えますか？

司会　そして、いよいよ二〇〇四年四月七日にアトム通貨の流通が開始したわけですが、当時の反響は大変なものでした。私もキャラクターショップの「十万馬力」にスタッフとして詰めていて、全国からきたアトム通貨目当てのお客様の対応をしていました。四月七日の新聞、テレビで大きく取り上げられたことから、この大反響につながったわけですが、ここまで話題になると予想していましたか？

石渡さんは、四月七日の流通開始にこだわられたようですが、その狙いどおりだったということでしょうか。

石渡　この反響は予想していました。会社で二〇〇三年四月七日のアトム誕生プロジェクトを担当していたので、その年の三月、四月は全国を飛び回ることになりました。当時は、とにかく話題に事欠かないという感じで、いろいろ取材を受けるなか、来年も何かやるんですか？と聞かれ続けていたので、「四月七日」、「アトム」この二つのキーワードがあれば、メディアを動かせると確信していました。

司会　安井さんにとって、この盛況ぶりは想定内でしたか？

安井　正直ここまで大騒ぎされるとは思いませんでした。アトムのキャラクターの強さを実感しましたね。

司会　山口さんのWAVOCでは、実際に事務局を運営されていたので、想定外の忙しさに追われたと思いますが、当時の事務局の様子などを聞かせてください。

山口　当時、松田君もほかの学生たちも大変でしたね。一番多かった問い合わせは、「アトム通貨は、どこで買えますか？」でした。そのときは、「この地域通貨は、いいことをしたときにもらえるもので、売買しないんです」と説明していました。

初年度は、二百馬力券を手に入れるのが難しく、コレクターの人たちから、「遠方に住んでいて高田馬場まで行くから、入手方法を教えて」とも言われました。WAVOCが関わっていることから、学生や教職員からもいろいろと聞かれました。あのときは、松田君も学生たちもノンストップで走っていたなあっていう記憶があります。

アトム通貨じゃないとダメなんです！

司会　アトム通貨は誕生から一一年が経過しました。全国に九つの支部ができる発展ぶりですが、このような未来が想像できましたか？　山口さんはアトム通貨の第三期まで関わり、その後WAVOCから別の部署に異動され、現在は外からアトム通貨を見ていますが、今のアトム通貨をどう感じていますか？

山口　素直にすごいと感じています。立ち上げの苦労を知っているから、より感じるのかもしれません。代々関わっている学生たちの頑張りを、WAVOCのときも、そこを離れた今も見ていますが、彼らはよくやっていると思います。石野君、高木さんたちがいろいろアイデアを出し、頑張っていたことを思い出します。一生の財産になっていると思いますね。

司会　石渡さんは、アトム通貨が発展した理由はどこにあると思いますか？

石渡　山口さんは、第三期までですが、私は第一期の終了直後に、会社で組織改革があり、クリエイティブ部が新設され、そこの部長になりました。それを機にアトム通貨もほかの部署に窓口が移り、担当から外れました。ですから、第二期、第三期に関しては、通貨のデザイン以外ほとんどかかわっていません。

第四期に、事務局長の高木さんから実行委員会の定例会に参加して欲しいと依頼がありました。先ほど安井さんが話したように、学生事務局も自分たちが目立ちたいのか？　それとも考えていることをかたちにしたいのか悩んでいたのだと思います。その期では、みんなが参加しやすいように、夜八時から定例会がはじめられました。そこに会社業務ではなく個人で参加したのですが、そのとき久しぶりに、衆議院議員になった安井さんに会いました。帰りがけに自分も極力出るから、私にも来るように言うので、第四期からアドバイザー的な立場で関わり、そこから少しずつ復帰しました。

そして第五期終了後に全国展開しますが、これは安井さんの力です。当時衆議院議員だった安井さんのもとに、全国の商店街から活性化の相談が寄せられると、商店街活性化ならアトム通貨だと言って、アトム通貨のここがすごい、あそこがすごいと話したあとで、詳しいことは石渡さんから聞いてと、こっちに振るんです。だから、その人たちが私の所を尋ねて来るようになりました。

そこで、北海道の人には「北海道のキャラクターで地域通貨をはじめたらどうでしょう」とアドバイスすると、「アトム通貨じゃないとダメなんです」って言われる。そういう人たちがたくさん来るようになり、広げざるを得なくなったんです。

石渡正人（手塚プロダクション）

安井　実は、そうなるまでに二年かかりました。

手塚プロダクションにとって、アトムは自分たちの商品じゃないですか。それを我々は当時無償で使わせてもらいました。手塚プロダクションにとって早稲田・高田馬場は地元だからという考えかもしれません。でも、我々からすれば、「ガラスの地球を救え」や「環境」「教育」など手塚先生の考えは、もっと世界へ広げるものだと思っていました。最終的に手塚プロダクションが全国展開を認めてくれたので、今のようなかたちになったのです。

石渡　全国展開の検討をはじめたとき、すでに三つか四つほど支部の希望が控えていて、これはやるしかないと考えました。そのおかげで、社内でアトム通貨の担当に返り咲いたのです。
アトム通貨が発展した魅力について簡単に言うと、商店街と地域通貨は相性がいいんです。そこに気が付き、上手にブランディングできたことが成功につながったのだと思います。アトム通貨でも過去にはいくつかの支部が失敗しています。失敗した支部は、商店街との関わりがうまくいっていません。そこが原因だと思います。

司会　安井さんにも、同じ質問です。アトム通貨発展の理由はどこだと思いますか。

安井　二つのことが挙げられると思います。まずは、キャラクターの強さ。そしてもう一つは、使える加盟店の数だと思います。使える店がなければ、アトム通貨は、鉄腕アトムが書かれただけの紙です。でも使える店が多くなれば、その紙は価値が出ます。今はそれを実感しています。そして、アトム通貨はいいことをした対価として配られますが、「いいことって何ですか？」と聞かれます。私は、いいこととは知恵比べだと思います。「地域」「環境」「国際」「教育」とこれだけテーマがあれば何かしら引っかかる。商店の人たちがこれから先、どんな知恵を出して商売に結びつけるのか楽しみです。

それぞれのゴールが共通のゴール

司会　では最後にアトム通貨にかぎらず、地域で協働してプロジェクトを進めるうえで、重要なことはなんでしょう。それぞれの経験からアドバイスをお願いします。

安井　アトム通貨に関して言えば、自分たちが分かりやすいように考えればいいんじゃないでしょうか。もっと言えば、自分たちの商売のために使えばいいんです。そして、自分たちのために使うのだから、行政からの補助金などでなく、自分たちでお金を出しなさいと言いたいですね。自分たちで出費することが重要です。

山口　地域通貨のスキームに大学が関わっているのは、非常にユニークだと思います。大学が関わることで、学生がいろいろなことを提案できたり、責任を負ったりすることが成長につながると思います。これからも学生が社会の役に立つことで地域がよくなり、彼らも成長するWIN－WINの関係を目指して欲しいと思います。

石渡　地域の人たちとの協働では、参加者で共通のゴールを設定することが大事です。それぞれ思惑は別でも、向かっていくゴールの方向が同じで、一緒に進んでいくことが重要だと思います。そのゴールのなかにそれぞれ別のゴールがあってもいいと思います。

そのほかにパワーバランスも大切です。強いリーダーシップは必要だけど、それだけではいけない。共通のゴールに向かってまわりと歩調を合わせ、それぞれの立場でものごとに取り組んでいくことではないでしょうか。

あとがき

毎年たくさんの学生から、「卒業論文のテーマに地域通貨を選択したので、アトム通貨についてインタビューさせてください」というメールが送られてきますし、地方の自治体からは、「まちづくりの参考にアトム通貨の活動を視察したいので、加盟店の案内とアトム通貨のシステムについて研修をお願いします」といった申し出や、出張講演の依頼が多数寄せられます。ピーク時の熱はすっかり冷めた感のある地域通貨ですが、まちづくりに携わる人、まちづくりに興味のある人にとっては、大きな可能性を秘めた研究すべき題材のようです。

アトム誕生からちょうど一年が経過した二〇〇四年四月七日、早稲田・高田馬場の地域通貨「アトム通貨」は、ありがとうのカタチをつたえるTHANKS MONEYとして産声をあげました。

当時は地域通貨の全盛期で、地域コミュニティの救世主としてたくさんの地域で導入され、日本国内だけでも三〇〇〇以上の地域通貨が流通していたと言われています。しかし期待に応えられず、現在では九割以上が消滅し、一〇年以上続いている地域通貨は一〇を超える程度だと思われます。こうした状況のなか、アトム通貨の本が出版されることは大変な栄誉であり、意義のあることです。アトム通貨の十数年にわたる活動の紹介は、アトム通貨だけでなく地域通貨そのものの可能性を提示する絶好の機会になります。

本来地域通貨は、必要とされる目的に合わせて使用できる、汎用性のあるツールであるべきです。見方を変えると、それぞれの地域での問題点は、地域通貨によって解決できる可能性があるということです。それだけでなく、可能性や費用対効果にすぐれ、今の時代におけるまちづくりに欠かせない関係性や独自の価値観を構築できる秀逸なツールです。本書は、そうした地域通貨の高いポテンシャルについて、第三者による研究書ではなく、実際にアトム通貨の活動に携わる関係者たちの生の声を記した実践書として構成しました。実例を多数紹介し、個々の目的と結果をわかりやすく伝えることに留意しています。また、地域コミュニティの新しいあり方や、商店街の活性化、ボランティアの促進、地域ブランドについても言及しました。

今回の出版にあたり、アトム通貨に関係している一部のスタッフで執筆を分担してすすめました。執筆者二九人の思いの詰まった原稿は五〇〇ページを超えたのですが、紙幅の都合でそれを半分に割愛しなくてはならなかったのは苦渋の作業でした。とくに歴代学生事務局長が書いた第4章は、その時々の思いが伝わってきて、一つひとつが現在のアトム通貨につながっていることを痛感させられました。

すべてを掲載することはできませんでしたが、割愛前の原稿を執筆者全員で閲覧し、共有できたことは有意義でした。そして何より今回の出版は、これまでのアトム通貨の活動を振り返りながら、未来を考える絶好の機会になりました。五年後、一〇年後のアトム通貨を想像すると、とても楽しくなります。

こうした機会をくださった新評論には、感謝の思いでいっぱいです。そしてこの本を企画・編集してくれた青柳氏。氏の熱意で、一つの地域通貨が一冊の本として出版される栄誉に恵まれました。もしもこの先、アトム通貨本の第二弾、第三弾を出版するということになった際は、また新評論で刊行できればと思っております。

これからもTHANKS MONEYアトム通貨の活動が全国に、そして次世代へと伝えられ、ありがとうの輪がどこまでもつながっていくことを願っています。

最後になりましたが、手塚治虫先生、素敵なメッセージをたくさん残してくださり、本当にありがとうございます。

アトム通貨実行委員会本部副会長　石渡正人

2010年 第7期

第7期流通期間　2010年4月7日〜2011年2月末迄

＊流通期間の延長（〜翌年2月末日まで）
＊3つの理念に「教育」を追加し、4つの理念「地域」「環境」「国際」「教育」に変更
＊透かしを支部毎に変えたオリジナル通貨の発行開始
＊「アトム通貨公式Webサイト」大幅リニューアル
＊「アトム通貨公式Facebook」ページ立ち上げ
＊「2010年度 環境省エコ・アクション・ポイントモデル事業」採択（本部）
＊環境省「チャレンジ25」キャンペーン事務局「2010年度 地球温暖化防止に係る国民運動における NPO等の民間団体とメディアとの連携支援事業」採択（本部：メディア＝文化放送）
＊「2010年度 埼玉県エコマネー推進助成事業」（川口支部、新座支部、和光支部）
＊埼玉県「黒おび商店街（元気な商店街）」認定（川口支部）
＊「2010年度 北海道いってみたい商店街大賞」受賞（札幌支部）

●2月20日、松山支部設立（第8期で終了）
●7月24日、仙台支部設立（第10期で終了）
●8月　1日、新座支部設立

2011年 第8期

第8期流通期間　2011年4月7日〜2012年2月末迄

＊和光市で開催の「ニッポン全国鍋合戦」にアトム通貨 × 文化放送で出場
＊新宿支部でアトム通貨加盟店限定のオリジナル商品「十万馬力アトムサイダー」の販売を開始
アトム通貨ブランド商品の第1号。

●4 月　7日、和光支部設立
●8 月　6日、八重山支部設立
●9 月 17日、春日井支部設立
●10月　1日、新宿支部設立
●10月 22日、安城支部設立（第10期で終了）

2012年 第9期

第9期流通期間　2012年4月7日〜2013年2月末迄

年間発行馬力が2000万馬力を超える

＊通貨の金額見直し
500馬力を追加する。（金額が大きいため発行支部の加盟店以外使用不可）
＊中学2年公民教科書に掲載
＊「2012年度農林水産省知的財産戦略・ブランド化総合事業のうち食文化活動・創出事業（地域段階）」採択（本部：内藤とうがらし再興プロジェクトに対して）

●10月24日、女川支部設立

2013年 第10期

第10期流通期間　2013年4月7日〜2014年2月末迄

＊環境省「2013年度地方発カーボン・オフセット認証取得支援第3次募集」採択
（八重山支部を運営する石垣市商工会）
＊新座市社会福祉協議会による「地域支え合いボランティア事業」にアトム通貨導入（新座支部）
＊和光市社会福祉協議会による「和光ゆめあいサービス事業」にアトム通貨導入（和光支部）
＊「第14回さいたま環境賞（県民部門）」受賞（川口支部）

2014年 第11期

第11期流通期間　2014年4月7日〜2015年2月末迄

＊朝日新聞「天声人語」でアトム通貨が取り上げられる
＊環境省「2014年度カーボン・オフセット認証取得支援第2次募集」採択（本部）
＊経済産業省「地域でがんばる商店街」北海道経済産業局長賞受賞
（札幌支部を運営する発寒北商店街振興組合）

アトム通貨年表 2003－2014

検討委員会設立から第 11 期まで

2003 年
準備期間

アトム通貨検討委員会設立

メンバーは飯田幹夫（高田馬場西商店街振興組合）、安井潤一郎（早稲田商店会）、
石渡正人（手塚プロダクション）
山口博之・松田卓也（早稲田大学平山郁夫記念ボランティアセンター（WAVOC））

※（）内の所属は当時のもの

2004 年
第 1 期

第 1 期流通期間　2004 年 4 月 7 日～ 2004 年 9 月末迄

アトム通貨流通開始　流通期限は半年の設定

運営組織は実行委員会形式とし、実行委員長は商店街関係者から選出し
実務を担う事務局は WAVOC が担当する体制でスタート。

＊理念は「地域」「環境」「国際」の 3 つ
＊通貨は 10 馬力、100 馬力、200 馬力の 3 種類

2005 年
第 2 期

第 2 期流通期間　2005 年 4 月 7 日～ 2005 年 9 月末迄

2006 年
第 3 期

第 3 期流通期間　2006 年 4 月 7 日～ 2006 年 9 月末迄

＊WAVOC 内にアトム通貨プロジェクトが正式に発足
これを機に以降学生が事務局長に就任。
この流れはアトム通貨が全国展開した後も早稲田・高田馬場支部に継承される。

2007 年
第 4 期

第 4 期流通期間　2007 年 4 月 7 日～ 2007 年 9 月末迄

＊通貨の金額見直し
200 馬力を廃止し、50 馬力を追加する。

2008 年
第 5 期

第 5 期流通期間　2008 年 4 月 7 日～ 2008 年 9 月末迄

＊「2008 年度 環境省エコ・アクション・ポイントモデル事業」採択
＊アトム通貨 5 周年記念シンポジウム
「十万馬力でガラスの地球を救え！」を早稲田大学大隈記念大講堂で開催。

2009 年
第 6 期

第 6 期流通期間　2009 年 4 月 7 日～ 2009 年 12 月末迄

＊流通期間の延長（～ 12 月末日まで）
＊「2009 年度 環境省エコ・アクション・ポイントモデル事業」採択
＊「アトム通貨公式 Web サイト」オープン
＊「イベント」「プロジェクト」呼び名の棲み分け
商店での配布を促進するために、設立時からの「ピッチャープロジェクト」「キャッチャープロジェクト」の呼び名を廃止。通年の配布活動をプロジェクト、単発のものをイベントとする。

支部制度導入開始

● アトム通貨本部設立
● 本部設立を機に早稲田・高田馬場支部（0 号モデル支部）を設立
これまでの同地域での活動を移行する。
● 4 月　7 日、川口支部設立（支部第 1 号）
● 8 月 30 日、札幌支部設立
● 9 月 27 日、徳島支部設立（第 8 期で終了）

新宿支部
〒160-0023　東京都新宿区西新宿６－８－２ BIZ 新宿２F
新宿区区商連会事務局内
E-mail : shinjuku@atom-community.jp

女川支部
〒986-2231　宮城県牡鹿郡女川町浦宿浜字十二神60-３－７
女川町商工会内
E-mail : onagawa@atom-community.jp

※2015年３月現在

アトム通貨支部連絡先

本部
〒169-0051　東京都新宿区西早稲田１－９－13
ダイヤハイツ西早稲田102号
E-mail : honbu@atom-community.jp

早稲田・高田馬場支部
〒169-0071　東京都新宿区戸塚町１－103早稲田STEP21早稲田大学
平山郁夫記念ボランティアセンター（WAVOC）内
E-mail : waseda_baba@atom-community.jp

川口支部
〒333-0847　埼玉県川口市芝中田２－27－２
E-mail : kawaguchi@atom-community.jp

札幌支部
〒063-0832　北海道札幌市西区発寒12条３丁目　安住ビル１F
プリントショップ IPJ 内
E-mail : sapporo@atom-community.jp

新座支部
〒352-0011　埼玉県新座市野火止１－９－62　新座市商工会内
E-mail : niiza@atom-community.jp

和光支部
〒351-0114　埼玉県和光市本町31－２－109　和光市商工会内
E-mail : wako@atom-community.jp

八重山支部
〒907-0013　沖縄県石垣市浜崎町１－１－４　石垣市商工会内
E-mail : yaeyama@atom-community.jp

春日井支部
〒486-8511　愛知県春日井市鳥居松町５－45　春日井商工会議所内５階
E-mail : kasugai@atom-community.jp

落合智彦（おちあい　ともひこ）第４章５
　1991年茨城県生まれ。2010年、早稲田大学社会科学部入学。2011年度第８期、2012年度９期と２期連続で事務局長を務める。現在は、株式会社西武ホールディングスに勤務。

木野知美保（きのち　みほ）第４章６
　1992年東京都生まれ。2011年、早稲田大学政治経済学部入学。同年秋から１年間財務部長を務めたのち、2013年度第10期の事務局長を務める。2015年４月から株式会社ゆうちょ銀行に入社予定。

伊東美香（いとう　みか）第４章８
　1988年東京都生まれ。2007年、早稲田大学政治経済学部入学。2009年度第６期の副事務局長を務める。現在は、金融機関勤務。

飯田貴也（いいだ　たかや）第４章９
1989年東京都生まれ。2008年、早稲田大学先進理工学部入学。2010年度第７期事務局で広報担当を務める。現在は、早稲田大学理工学術院３年。

貫井美佐（ぬくい　みさ）第４章10
　1991年東京都生まれ。2010年、早稲田大学法学部入学。2012年度第９期事務局で広報担当を務める。現在は、早稲田大学法学研究科１年。

松浦里紅（まつうら　りこ）第４章11
1992年千葉県生まれ。2011年、早稲田大学社会科学部入学。2013年度第10期事務局で広報担当を務める。2015年４月から民間企業に勤務予定。

山口博之（やまぐち　ひろゆき）第４章付録２
　1962年東京都生まれ。元 WAVOC 事務長。アトム通貨立ち上げメンバー。現在は、早稲田大学国際部学生支援担当課長兼留学センター調査役。

鈴木良徳（すずき　よしのり）第２章９
　1964年宮城県生まれ。2012年女川支部設立メンバー。2012年より女川支部支部長。女川町商工会理事。

安井潤一郎（やすい　じゅんいちろう）第２章付録１
　1950年東京都生まれ。アトム通貨実行委員会会長。一般社団法人資源循環型地域づくり協議会代表理事。NPO 法人全国商店街まちづくり実行委員会理事長。NPO 法人地域通貨協議会理事長。早稲田商店会相談役。

日高海（ひだか　うみ）第３章
　1978年東京都生まれ。2009年度第６期よりアトム通貨実行委員会本部広報担当。株式会社手塚プロダクション著作権事業局クリエイティブ部プランナー。

髙木知未（たかぎ　ともみ）第４章１
　1985年東京都生まれ。2004年、早稲田大学第一文学部入学。第１期～第４期までアトム通貨の活動に参加。2007年度第４期では事務局長を務める。現在は、出版社に勤務。

山崎卓郎（やまざき　たくろう）第４章２
　1984年大阪府生まれ。2004年、早稲田大学商学部入学。2006年秋からアトム通貨の活動に参加。2008年度第５期の事務局長を務める。現在は、国内金融グループの銀行部門に勤務。

郷慎久朗（ごう　しんくろう）第４章３
　1988年新潟県生まれ。2007年、早稲田大学文化構想学部入学。その年の秋からアトム通貨の活動に参加。2009年度第６期の事務局長を務める。現在は、放送局に勤務。

染谷直人（そめや　なおと）第４章４
　1989年茨城県生まれ。2008年、早稲田大学政治経済学部入学。2010年度第７期の事務局長を務める。現在は、農林中央金庫に勤務。

矢田安奈（やだ　あんな）第２章１
1993年神奈川県生まれ。早稲田・高田馬場支部事務局。早稲田大学法学部３年。

田辺孝男（たなべ　たかお）第２章２
1969年埼玉県生まれ。2009年川口支部設立メンバー。2012年より川口支部支部長。西川口東口連合商店会企画部員。有限会社宮雅勤務。

大下敬（おおした　たかし）第２章３
1969年北海道生まれ。2009年札幌支部設立メンバー。2009年より札幌支部広報担当。発寒北商店街振興組合広報担当。

金子和男（かねこ　かずお）第２章４
1954年埼玉県生まれ。2010年新座支部設立メンバー。2010年より新座支部支部長。新座市商工会副会長。有限会社昭和自動車整備工場代表取締役社長。

冨岡健治（とみおか　けんじ）第２章５
1955年埼玉県生まれ。2011年和光支部設立メンバー。2011年より和光支部支部長。和光市商工会副会長。有限会社冨岡産業代表取締役。

平田睦（ひらた　まこと）第２章６
1973年石垣島生まれ。2011年八重山支部設立メンバー。2011年より八重山支部事務局長。石垣市商工会事務局長。

水野隆（みずの　たかし）第２章７
1952年愛知県生まれ。2011年春日井支部設立メンバー。2011年より春日井支部支部長代行。春日井商工会議所副会頭。前春日井市商店街連合会副会長。合資会社水徳代表社員。

佐藤雅英（さとう　まさひで）第２章８
1949年北海道生まれ。2011年新宿支部設立メンバー。2011年より新宿支部事務局長。新宿区商店会連合会事務局長。

執筆者紹介（執筆順）

石渡正人（いしわた　まさと）まえがき・第１章・あとがき
　1961年神奈川県生まれ。アトム通貨立ち上げメンバー。2009年度第６期よりアトム通貨実行委員会本部副会長。株式会社手塚プロダクション著作権事業局クリエイティブ部部長。

佐藤守男（さとう　もりお）第２章１
　1957年東京都生まれ。2008年度第６期より早稲田・高田馬場支部支部長代行。高田馬場西商店街振興組合理事長、有限会社佐藤電気商会社長。

松田北斗（まつだ　ほくと）第２章１・第４章７
　1994年東京都生まれ。2012年、早稲田大学法学部入学。2013年秋から2014年の秋にかけて第11期事務局長を務める。現在、同大学３年生。

石渡勇登（いしわた　はやと）第２章１
　1994年埼玉県生まれ。早稲田・高田馬場支部事務局。中央大学経済学部３年。

佐々木洋（ささき　よう）第２章１
　1993年東京都生まれ。早稲田・高田馬場支部事務局。早稲田大学人間科学部３年。

吉田さとみ（よしだ　さとみ）第２章１
　1993年千葉県生まれ。早稲田・高田馬場支部事務局。早稲田大学文化構想学部２年。

高橋里帆（たかはし　りほ）第２章１
　1994年神奈川県生まれ。早稲田・高田馬場支部事務局。早稲田大学法学部２年。

編者紹介

アトム通貨実行委員会

2004年設立、東京都新宿区西早稲田に本部を置く。2015年2月現在、全国に九つの支部を展開。実行委員会には、地方自治体、商店、住民、企業、NPO、学生などが参加し、「ありがとう」が溢れるまちづくりを目指し活動中。

代表編者

石渡正人

1961年神奈川県生まれ。広告企画会社勤務を経て、2000年株式会社手塚プロダクション入社。2004年のアトム通貨立ち上げメンバー。現在、株式会社手塚プロダクションクリエイティブ部部長、アトム通貨実行委員会本部副会長、早稲田大学総合研究機構メディア文化研究所招聘研究員。

著書に『地域通貨』（共著、ミネルヴァ書房、2013年）、『メディアの将来像を探る』（共著、一藝社、2014年）などがある。

アトム通貨で描くコミュニティ・デザイン
—人とまちが紡ぐ未来—

2015年4月15日　初版第1刷発行

編　者　アトム通貨実行委員会
発行者　武　市　一　幸

発行所　株式会社　新　評　論

〒169-0051
東京都新宿区西早稲田3-16-28
http://www.shinhyoron.co.jp

電話　03(3202)7391
FAX　03(3202)5832
振替・00160-1-113487

落丁・乱丁はお取り替えします。
定価はカバーに表示してあります。

印刷　フォレスト
製本　中永製本所
装丁　中野裕子
（株式会社手塚プロダクション）

Printed in Japan
ISBN978-4-7948-1005-2